La réforme du Barreau congolais :
Avancées et limites de la proposition de loi de 2025

Prof. Joseph YAV KATSHUNG

Éditeur: Upway Books
Auteurs: Prof. Joseph YAV KATSHUNG
Titre: La réforme du Barreau congolais : Avancées et limites de la proposition de loi de 2025
ISBN: 978-1-917916-72-1
Couverture réalisée sur: www.canva.com

contact@upwaybooks.com
www.upwaybooks.com

TABLE DES MATIERES

I. INTRODUCTION

La profession d'avocat en République Démocratique du Congo (RDC) est le fruit d'une longue et complexe évolution, marquée par une quête constante d'autonomie et d'indépendance face aux pouvoirs judiciaire et exécutif. Avant 1979, la profession était régie par des textes qui la plaçaient sous une tutelle plus ou moins directe des instances judiciaires, héritage d'une structure coloniale où les avocats étaient considérés comme de simples auxiliaires sous contrôle. Une première étape significative vers l'autonomisation fut franchie avec l'Ordonnance-loi de 1968[1], qui posa les jalons d'une profession libérale en instaurant des organes propres au barreau, tels que l'Assemblée Générale et le Conseil de l'Ordre. Cependant, cette organisation demeurait fragmentée, chaque barreau fonctionnant de manière isolée près de sa Cour d'appel respective, sans instance nationale unificatrice pour harmoniser les pratiques et défendre les intérêts communs de la profession[2].

C'est dans ce contexte qu'intervint l'Ordonnance-loi n° 79-028 du 28 septembre 1979 portant organisation du barreau, du corps de défenseurs judiciaires et du corps des mandataires de l'État[3], un texte fondateur qui a véritablement refondu et structuré la profession pour les décennies à venir. Sa principale et plus durable innovation fut la création de l'Ordre National des Avocats (ONA), une structure faîtière dotée de la personnalité juridique, chargée d'unifier les règles et usages professionnels sur l'ensemble du territoire national[4]. En substituant une autorégulation professionnelle souveraine au contrôle disparate exercé auparavant par les Cours d'appel, la loi de 1979 a consacré de manière décisive le principe d'une profession libérale et indépendante, non seulement dans sa pratique individuelle mais aussi dans son organisation collective[5]. Pendant près d'un demi-siècle, ce

---

[1] Ordonnance-loi n° 68-511 du 7 décembre 1968 portant organisation du barreau.
[2] L'absence d'instance nationale unificatrice avant 1979 créait une fragmentation des pratiques et des usages entre les différents barreaux congolais.
[3] Ordonnance-loi n° 79-028 du 28 septembre 1979 portant organisation du barreau, du corps de défenseurs judiciaires et du corps des mandataires de l'État, *Journal officiel de la République du Zaïre*, 1979.
[4] L'article 96 de l'Ordonnance-loi de 1979 créait l'Ordre National des Avocats (ONA) comme association dotée de la personnalité juridique.
[5] Le principe d'autorégulation professionnelle est au cœur du modèle continental européen de la profession d'avocat. Voir André DAMIEN et al., *Règles de la profession d'avocat*, Paris, Dalloz, 2018, 14e éd., p. 23-45.

texte a constitué la pierre angulaire de la profession, définissant les conditions d'accès, les droits et devoirs, les incompatibilités et le régime disciplinaire qui ont façonné l'identité de l'avocat congolais[6].

Toutefois, *après quarante-cinq ans d'application, ce cadre normatif, aussi avant-gardiste fût-il pour son époque, montre aujourd'hui les signes d'une obsolescence prononcée face aux mutations profondes de la société congolaise et du monde.* La Constitution du 18 février 2006 a redessiné le paysage judiciaire en créant la Cour de cassation et le Conseil d'État[7], rendant caduque l'organisation judiciaire sur laquelle reposait la loi de 1979. La révolution numérique a bouleversé les modes d'exercice, de communication et de gestion de l'information, créant de nouveaux défis déontologiques et pratiques[8]. Les standards internationaux en matière de gouvernance, de transparence, de lutte contre le blanchiment d'argent et de déontologie ont considérablement évolué[9]. *C'est pour répondre à ces défis et combler les lacunes d'un texte vieillissant que les honorables députés Boris MBUKU LAKA et Garry SAKATA M. TAWAB ont déposé en avril 2025 une proposition de loi fixant les règles relatives à l'organisation du barreau, à l'assistance judiciaire et à la représentation en justice, visant à abroger et remplacer l'ordonnance-loi de 1979*[10]. Il convient de saluer chaleureusement l'initiative des auteurs de cette proposition de loi sur le Barreau en République Démocratique du Congo. Leur double expertise - celle de législateurs rompus aux exigences du processus parlementaire et celle de praticiens du droit (avocats) connaissant intimement les réalités du Barreau - constitue un atout précieux pour élaborer une réforme pertinente et applicable.

Après près d'un demi-siècle d'application de l'Ordonnance-loi n°79-028 du 28 septembre 1979, leur volonté de doter la profession d'un cadre normatif

---

[6] L'Ordonnance-loi de 1979 régissait de manière exhaustive : conditions d'accès (art. 11-41), droits et devoirs (art. 42-73), incompatibilités (art. 74-83), discipline (art. 84-121), etc.

[7] Constitution de la République Démocratique du Congo du 18 février 2006, art. 149-162 (Cour de cassation), art. 163-169 (Conseil d'État).

[8] Sur la révolution numérique et son impact sur les professions juridiques, voir BENYEKHLEF, *Une possible histoire de la norme : les normativités émergentes de la mondialisation*, Montréal, Thémis, 2015, p. 234-267.

[9] Les standards du Groupe d'Action Financière (GAFI) en matière de lutte contre le blanchiment, les recommandations de l'Organisation des Nations Unies sur les principes de base relatifs au rôle des avocats (1990), et les évolutions du droit européen (RGPD notamment) constituent autant de nouveaux référentiels.

[10] Proposition de loi n° 096 fixant les règles relatives à l'organisation du barreau, à l'assistance judiciaire et à la représentation en justice, déposée en avril 2025 par les députés Boris MBUKU LAKA et Garry SAKATA M. TAWAB.

modernisé mérite d'être reconnue et saluée. Cette initiative témoigne d'un courage politique certain et d'une vision claire : celle de faire évoluer le cadre juridique de la profession d'avocat pour l'adapter aux réalités constitutionnelles, sociales et institutionnelles de la RDC contemporaine.

Les auteurs de ce projet bénéficient d'une position unique qui enrichit considérablement leur démarche. *En tant que Députés*, ils maîtrisent les exigences du processus législatif, comprennent les contraintes constitutionnelles, connaissent les mécanismes parlementaires et sont conscients des enjeux politiques et institutionnels qui entourent toute réforme d'envergure. *En tant qu'avocats*, ils connaissent les réalités du terrain, vivent quotidiennement les défis de la profession, comprennent les besoins des praticiens et sont sensibles aux préoccupations concrètes des justiciables et de leurs confrères. Cette double expertise constitue un gage de pertinence et de réalisme. Elle permet d'éviter les écueils d'une réforme purement théorique, déconnectée des réalités de la pratique, tout en garantissant la conformité du texte aux exigences constitutionnelles et législatives. Cette proposition de loi témoigne d'une ambition réformatrice réelle. Avec 222 articles structurés en douze chapitres, il aborde de manière systématique l'ensemble des dimensions de la profession : l'accès au Barreau, l'organisation interne, les droits et devoirs des avocats, le système disciplinaire, les modes d'exercice, les honoraires, la sécurité sociale, l'assistance judiciaire, et les dispositions pénales.

Cette approche globale et structurée mérite d'être saluée. Elle témoigne d'une volonté de ne pas se contenter d'ajustements cosmétiques, mais de proposer une refondation complète du cadre normatif de la profession. Au-delà de la réglementation de la profession d'avocat, ce projet s'inscrit dans une démarche plus large de modernisation de la justice en RDC. En dotant la profession d'avocat d'un cadre juridique adapté, les auteurs contribuent à renforcer l'État de Droit, à améliorer l'accès à la justice et à garantir le droit à un procès équitable pour tous les citoyens congolais. Cette vision, qui place la réforme du Barreau dans le contexte plus large de la réforme de la justice, mérite d'être reconnue et encouragée.

L'ambition affichée de la proposition de loi de 2025 est de moderniser en profondeur la profession d'avocat en RDC, de l'adapter aux nouvelles réalités constitutionnelles, technologiques et sociales, et de renforcer son rôle dans l'État de Droit[11]. Cependant, toute réforme d'une telle ampleur, qui touche aux fondements d'une profession aussi essentielle à l'État de Droit, soulève une question fondamentale ; *constitue-t-elle une véritable avancée, propulsant la profession vers l'avenir, ou représente-t-elle, sur certains aspects, un recul ou une stagnation, manquant des opportunités cruciales de modernisation ?*[12]

L'enjeu est de déterminer si le nouveau texte se contente d'un simple toilettage de la loi de 1979 ou s'il opère une refondation audacieuse et visionnaire[13]. Cette interrogation est d'autant plus pertinente que la proposition de loi a suscité des critiques substantielles, tant sur le processus de son élaboration que sur le fond de ses dispositions. Cette étude se propose de répondre à cette question centrale en menant une analyse comparative et critique des deux textes, afin d'évaluer la portée, la pertinence et les limites des changements proposés, dressant ainsi le portrait d'une réforme en clair-obscur, porteuse à la fois de lumières éclatantes et d'ombres préoccupantes[14].

Pour répondre à cette problématique complexe, cette étude adopte une méthodologie d'analyse comparative multidimensionnelle[15]. L'approche consiste à examiner de manière systématique les dispositions de l'Ordonnance-loi de 1979 et celles de la proposition de loi de 2025, en les confrontant sur des thématiques clés qui sont au cœur des mutations contemporaines de la profession juridique[16]. Cette comparaison directe est enrichie par une double mise en perspective[17].

D'une part, les dispositions de la proposition de loi sont évaluées à l'aune des standards et des meilleures pratiques observées sur la scène internationale, en s'appuyant sur une analyse des cadres réglementaires en vigueur en France et en Belgique, deux systèmes juridiques de tradition romano-germanique ayant

---

[11] L'exposé des motifs de la proposition de loi 2025 énonce : *"il s'est avéré important de concevoir autrement les structures [...] par la création des formations spécialisées"* et vise à *"prévenir le clientélisme dans le fonctionnement des barreaux"*.
[12] Sur les dilemmes des réformes législatives, voir CHEVALLIER, *L'État post-moderne*, Paris, LGDJ, 2017, 5e éd., p. 156-189.
[13] La distinction entre "toilettage" et "refondation" est analysée dans DELPEREE, *Le droit constitutionnel de la Belgique*, Bruxelles, Bruylant, 2000, p. 89.
[14] La métaphore du "clair-obscur" emprunte à la technique picturale pour signifier la coexistence de lumières (avancées) et d'ombres (reculs ou lacunes).
[15] La méthodologie comparative multidimensionnelle combine analyse textuelle, comparaison internationale et prospective. Voir SACCO, "La comparaison juridique au service de la connaissance du droit", *Revue internationale de droit comparé*, 1991, p. 7-37.
[16] Les thématiques clés ont été sélectionnées en fonction de leur pertinence pour les défis contemporains de la profession : numérique, discipline, secret, publicité, organisation.
[17] La double perspective (internationale et prospective) permet une évaluation complète. Voir DELMAS-MARTY, *Les forces imaginantes du droit*, Paris, Seuil, 2006, p. 112-145.

une influence historique sur le droit congolais[18], ainsi que sur les tendances observées dans d'autres pays d'Afrique francophone[19]. Cette comparaison internationale permettra de situer la réforme congolaise dans le concert des nations et d'en mesurer le degré d'innovation ou de conservatisme[20].

D'autre part, la proposition de loi est confrontée aux enjeux émergents et prospectifs qui ne sont pas encore pleinement intégrés dans toutes les législations, mais qui sont identifiés par la doctrine et les instances professionnelles comme étant cruciaux pour l'avenir de la profession[21]. Il s'agit notamment de l'impact de l'intelligence artificielle, des impératifs de cybersécurité, de la promotion de la diversité et de l'inclusion, et de la prise en compte de la santé mentale des avocats[22]. Cette analyse prospective permettra d'évaluer si la proposition de loi est un texte tourné vers l'avenir ou s'il risque d'être rapidement dépassé[23].

Présentation de la structure de l'étude et des axes d'analyse

Après l'introduction, la Section II procède à une analyse comparative des deux textes à travers cinq axes fondamentaux, choisis pour leur pertinence au regard des défis actuels de la profession[24] :

1. **La transformation numérique :** Cet axe examine comment les deux textes appréhendent ou ignorent la digitalisation de la profession, de la

---

[18] La France et la Belgique, anciennes puissances coloniales, ont influencé le système juridique congolais. Voir Jacques VANDERLINDEN, *Les systèmes juridiques africains*, Paris, PUF, 1983, 128 p.

[19] Le Sénégal, la Côte d'Ivoire et le Cameroun partagent avec la RDC l'héritage du droit civil français et des défis similaires de modernisation.

[20] L'analyse comparative permet d'évaluer le degré d'innovation ou de conservatisme d'une réforme. Voir ZWEIGERT et KÖTZ, *Introduction to Comparative Law*, Oxford, Clarendon Press, 1998, 3e éd.

[21] Les enjeux émergents (IA, cybersécurité, diversité) sont identifiés par les instances internationales comme l'Union Internationale des Avocats (UIA) et l'International Bar Association (IBA).

[22] L'impact de l'intelligence artificielle sur les professions juridiques fait l'objet d'une attention croissante. Voir SUSSKIND, *Tomorrow's Lawyers*, Oxford University Press, 2017, 2e éd.

[23] Un texte législatif peut être rapidement dépassé s'il n'intègre pas les évolutions technologiques et sociales. Voir MORETEAU, "L'obsolescence législative programmée", *Revue trimestrielle de droit civil*, 2015, p. 567-589.

[24] Les cinq axes d'analyse ont été retenus pour leur centralité dans les débats contemporains sur la profession d'avocat.

dématérialisation des procédures à l'encadrement des nouvelles technologies[25].

2. **Les règles disciplinaires :** Il s'agit de comparer les mécanismes de contrôle déontologique, en évaluant leur impartialité, leur efficacité et le respect des droits de la défense[26].

3. **Le secret professionnel :** Cet axe analyse la portée et les garanties du secret professionnel, et son adaptation (ou son absence d'adaptation) aux menaces de l'ère numérique et aux nouvelles exigences réglementaires[27].

4. **La publicité et la communication :** La comparaison porte sur les règles encadrant la communication des avocats, un domaine en pleine mutation entre tradition déontologique et nécessité concurrentielle[28].

5. **L'organisation de la profession :** Enfin, cet axe évalue les structures de gouvernance des barreaux, en se concentrant sur les enjeux de démocratie interne, de transparence et d'indépendance[29].

La Section III met en lumière les autres innovations sociales et économiques majeures du projet de 2025 : l'aide judiciaire financée par l'État, la sécurité sociale pour les avocats, la modernisation des modes d'exercice et l'élargissement des compétences exclusives[30]. La Section IV, qui représente un apport crucial de cette analyse intégrée, approfondit l'examen de six thématiques contemporaines et émergentes qui, bien que centrales dans les débats internationaux, sont traitées de manière inégale, voire totalement ignorées par la proposition de loi[31] : l'indépendance de l'avocat et l'autonomie des barreaux face aux menaces internes et externes,

---

[25] La transformation numérique bouleverse tous les aspects de la pratique juridique, de la gestion du cabinet à la relation client. Voir BENSOUSSAN, *Informatique et droit*, Paris, Francis Lefebvre, 2020.
[26] Le système disciplinaire est le garant de l'intégrité de la profession. Voir DAMIEN, *Règles de la profession d'avocat*, Paris, Dalloz, 2019, 14e éd., p. 234-267.
[27] Le secret professionnel est la pierre angulaire de la relation avocat-client. Voir SAINT-PAU, "Le secret professionnel de l'avocat", *Recueil Dalloz*, 2018, p. 1234.
[28] Les règles sur la publicité et la communication connaissent une évolution rapide face au numérique. Voir BEIGNIER, "La publicité des avocats à l'ère numérique", *Gazette du Palais*, 2019, n° 12, p. 45.
[29] L'organisation interne conditionne l'indépendance et l'efficacité de la profession. Voir COHEN, *Gouvernance des professions réglementées*, Bruxelles, Bruylant, 2017.
[30] Ces innovations sociales marquent une évolution vers un modèle plus protecteur des avocats et des justiciables.
[31] Les thématiques émergentes sont au cœur des débats internationaux mais souvent absentes des législations nationales africaines.

l'intelligence artificielle et les *Legaltechs*, les appels d'offres de services juridiques, la territorialisation de la robe d'avocat, la tension entre le secret professionnel et les lois anti-blanchiment (LCB-FT), et enfin la concurrence internationale croissante[32].

Les Sections V et VI intègrent et répondent de manière argumentée aux critiques sévères qui ont été formulées à l'encontre de la proposition de loi, tant sur la forme (légitimité du processus d'élaboration, déficit de consultation) que sur le fond (lacunes en matière de formation continue, de protections professionnelles et d'autres sujets essentiels)[33]. La Section VII présente une synthèse comparative globale, incluant un tableau récapitulatif des avancées et reculs par axe, une évaluation des forces et faiblesses du projet, et des recommandations renforcées et concrètes pour améliorer le texte avant son adoption finale[34].

Enfin, la **Section VIII** offre une conclusion nuancée et dialectique à la problématique centrale, évaluant les perspectives pour la profession d'avocat en RDC et les enjeux de mise en œuvre de cette réforme ambitieuse mais incomplète[35]. À travers cette démarche analytique, nous proposons de fournir aux législateurs, aux instances ordinales et à l'ensemble de la profession d'avocat congolaise un outil de réflexion et d'aide à la décision pour que la réforme en cours devienne véritablement une avancée historique et non une occasion manquée.

---

[32] Ces six thématiques contemporaines constituent les angles morts de nombreuses réformes nationales.

[33] Les critiques sur la forme et le fond du projet sont analysées pour offrir une vue équilibrée.

[34] Le tableau récapitulatif offre une synthèse visuelle des principales conclusions.

[35] La conclusion dialectique permet de dépasser l'opposition binaire avancée/recul pour offrir une vue nuancée.

II. ANALYSE COMPARATIVE PAR AXES FONDAMENTAUX DE L'ORDONNANCE-LOI DE 1979 ET DE LA PROPOSITION DE LOI DE 2025

AXE 1 : LA TRANSFORMATION NUMERIQUE, UNE REVOLUTION MANQUEE DE LA REFORME ?

La révolution numérique est sans doute le phénomène qui a le plus profondément transformé la société et les professions intellectuelles depuis l'adoption de la loi de 1979[36]. L'analyse de la manière dont les deux textes abordent cette question est donc un indicateur crucial de leur modernité et de leur pertinence pour le XXIe siècle. La modernité d'un texte législatif se mesure notamment à sa capacité à intégrer les mutations technologiques[37].

L'Ordonnance-loi de 1979, conçue et rédigée à une époque où l'informatique personnelle n'existait pas et où internet relevait de la science-fiction, est par nature totalement silencieuse sur les questions numériques[38]. Son univers est celui du papier, de la machine à écrire, du téléphone fixe et des archives physiques[39]. Cette absence n'est pas une critique en soi, mais le constat d'un contexte historique révolu[40]. Le défi pour le législateur de 2025 était précisément de combler ce vide abyssal et d'inscrire la profession dans le XXIe siècle[41].

Or, sur ce point, la proposition de loi de 2025 se révèle extraordinairement timide et lacunaire[42]. *Sur 222 articles, un seul fait une mention explicite et marginale au numérique*[43]. L'article 32 dispose que le tableau national des avocats peut être publié *"sur son site internet"*, en alternative à la publication

---

[36] CASTELLS, *La société en réseaux*, Paris, Fayard, 1998, t. 1, p. 89-145.
[37] Voir OST et VAN DE KERCHOVE, *De la pyramide au réseau?*, Bruxelles, Publications des Facultés universitaires Saint-Louis, 2002.
[38] En 1979, l'informatique personnelle n'existait pas ; le premier PC d'IBM date de 1981, et internet ne s'est démocratisé qu'à partir des années 1990.
[39] Le contexte matériel de 1979 était celui du papier, de la machine à écrire mécanique et du téléphone fixe.
[40] Il serait anachronique de critiquer un texte de 1979 pour ne pas avoir anticipé internet.
[41] Le défi du législateur contemporain est précisément d'intégrer la dimension numérique dans tous les aspects de la régulation professionnelle.
[42] Sur la timidité du projet 2025 face au numérique, l'analyse relève un quasi-silence assourdissant.
[43] Proposition de loi 2025, 222 articles au total, dont un seul (art. 32) mentionne explicitement "site internet".

au Journal officiel[44]. Si cette disposition est bienvenue en ce qu'elle améliore l'accessibilité de l'information, elle constitue une réponse famélique face à l'ampleur des enjeux. Cette unique mention, bien que bienvenue, est insuffisante face à l'ampleur des enjeux numériques. La proposition de loi reste fondamentalement un texte pensé pour un monde analogique, une simple mise à jour de la loi de 1979 qui ignore presque entièrement la nouvelle matérialité de la pratique juridique.

Le silence de la proposition de loi de 2025 sur la quasi-totalité des aspects de la transformation numérique est assourdissant ; ces questions sont centrales dans les débats internationaux. Le texte n'aborde aucun des sujets qui sont au cœur des préoccupations des barreaux du monde entier (cybersécurité, dématérialisation, IA, protection des données). Il ne contient aucune disposition sur la dématérialisation des actes de procédure et des communications avec les juridictions, laissant les avocats et les tribunaux dans un flou total quant à la valeur juridique des échanges électroniques, créant même une insécurité juridique quant à la valeur des échanges électroniques. Les plateformes numériques de consultation juridique, qui se développent partout, ne sont ni reconnues ni encadrées[45]. La communication numérique entre avocats et clients, qui se fait désormais majoritairement par courriel ou messagerie instantanée, n'est soumise à aucune règle spécifique de sécurité ou de confidentialité[46].

Plus grave encore, la proposition de loi fait l'impasse totale sur les enjeux de cybersécurité et de protection des données[47]. À une époque où les cabinets d'avocats sont des cibles privilégiées pour les cyberattaques en raison des informations sensibles qu'ils détiennent, le texte n'impose aucune obligation de sécurité, ne définit aucune norme de protection et ne prévoit aucune sanction en cas de négligence[48]. De même, l'émergence de l'intelligence artificielle (IA) et des *"Legaltechs"*, qui révolutionnent la recherche juridique, l'analyse de contrats et même la justice prédictive, est complètement passée sous silence. La proposition n'offre aucun cadre pour

---

[44] Proposition de loi 2025, art. 32 : "le tableau national […] [est] publié soit au Journal officiel […], soit sur son site internet".

[45] Des plateformes comme LegalZoom, Rocket Lawyer ou leurs équivalents africains proposent des consultations juridiques en ligne, sans encadrement dans le projet congolais.

[46] La proposition ne prévoit aucune obligation de chiffrement ou de sécurisation.

[47] La cybersécurité est un enjeu majeur pour les cabinets d'avocats, cibles privilégiées des cyberattaques. Voir American Bar Association, *2023 Cybersecurity TechReport*, Chicago, ABA, 2023.

[48] L'absence d'obligations de cybersécurité expose les secrets professionnels à des risques de piratage, de fuite ou de rançongiciel (ransomware).

l'utilisation de ces outils, ni sur le plan de la responsabilité professionnelle, ni sur celui de la déontologie[49].

Cette timidité contraste de manière saisissante avec les évolutions observées à l'international. En France, la transformation numérique est institutionnalisée[50]. Les avocats communiquent avec les tribunaux via des plateformes sécurisées et obligatoires comme le Réseau Privé Virtuel des Avocats (RPVA), dont le fonctionnement est encadré par des textes réglementaires précis[51]. Le débat public, comme en témoigne un rapport sénatorial de 2024, se concentre désormais sur l'encadrement éthique de l'IA et son utilisation par les professionnels du droit[52]. En Belgique, sous l'impulsion du Règlement Général sur la Protection des Données (RGPD) européen, les ordres professionnels insistent sur l'obligation pour les avocats de mettre en œuvre des mesures techniques robustes pour protéger la confidentialité des données clients, comme le chiffrement des communications[53].

En Afrique francophone, bien que la situation soit hétérogène, la dynamique est réelle[54]. Des *startups* de la *LegalTech* émergent dans des pays comme la Côte d'Ivoire ou le Sénégal, proposant des services juridiques en ligne et des bases de données numériques[55]. Des partenariats stratégiques se nouent pour rendre le droit africain plus accessible via des plateformes numériques[56]. Surtout, certains législateurs prennent le sujet à bras-le-corps[57]. Le Sénégal, par exemple, a initié un projet de loi visant spécifiquement à moderniser la

---

[49] L'absence de cadre déontologique pour l'IA soulève des questions de responsabilité : qui est responsable si l'IA commet une erreur ? L'avocat doit-il vérifier systématiquement les résultats ?
[50] En France, la transformation numérique de la justice est encadrée par la loi n° 2019-222 du 23 mars 2019 de programmation 2018-2022 et de réforme pour la justice.
[51] Le Réseau Privé Virtuel des Avocats (RPVA) est une plateforme sécurisée obligatoire pour les communications électroniques entre avocats et juridictions en France. Voir Décret n° 2012-366 du 15 mars 2012.
[52] Sénat français, Rapport d'information n° 216 (2024-2025) intitulé "L'intelligence artificielle générative et les métiers du droit : agir plutôt que subir", par MM. Christophe-André FRASSA et Mme Marie-Pierre de LA GONTRIE, décembre 2024.
[53] En Belgique, l'Ordre des barreaux francophones et germanophone (OBFG) a publié des recommandations strictes sur le chiffrement des communications et la protection des données clients, dans le cadre du RGPD.
[54] L'Afrique francophone connaît une dynamique d'émergence de la LegalTech, bien que partant de niveaux de développement technologique variables.
[55] En Côte d'Ivoire, la startup "Droit-Afrique" propose une base de données juridique en ligne. Au Sénégal, "JuriAfrique" offre des services de consultation juridique digitale.
[56] Partenariat entre l'Organisation pour l'Harmonisation en Afrique du Droit des Affaires (OHADA) et diverses plateformes numériques pour diffuser le droit des affaires africain.
[57] Certains législateurs africains ont pris conscience de la nécessité d'adapter les cadres réglementaires aux réalités numériques.

réglementation de la profession pour y inclure le volet numérique, reconnaissant l'obsolescence des cadres anciens[58].

En ignorant ces enjeux contemporains (IA, *legaltech,* cybersécurité, protection des données), la proposition de loi 2025 manque une opportunité historique et place la profession d'avocat en RDC dans une situation de grande vulnérabilité. L'absence de cadre pour l'IA et les Legaltechs laisse le champ libre à un développement non régulé, potentiellement au détriment de la qualité du service et de la protection du justiciable[59]. Les avocats qui utilisent ces outils le font sans directives claires sur leur responsabilité en cas d'erreur de l'algorithme, ni sur les obligations de supervision et de vérification qui devraient leur incomber[60]. L'absence d'obligations en matière de cybersécurité expose les secrets des clients (particuliers, entreprises, et même l'État) à des risques inacceptables de fuites ou de piratage. En ne prévoyant pas de cadre pour la justice en ligne ou la dématérialisation des procédures, la proposition freine la modernisation de l'appareil judiciaire dans son ensemble et entrave les efforts pour rendre la justice plus rapide et plus accessible[61].

L'absence de dispositions sur la protection des données personnelles, à l'image du RGPD européen[62], est particulièrement problématique. Les avocats sont des "responsables de traitement" de données extrêmement sensibles[63]. Le RGPD impose des obligations strictes de transparence, de sécurité, de minimisation des données et de respect des droits des personnes (droit d'accès, de rectification, etc.)[64]. En n'intégrant aucun de ces principes, la proposition de loi ne protège pas adéquatement les données personnelles des justiciables et expose les avocats qui travaillent avec des clients ou des

---

[58] Au Sénégal, un projet de réforme de la loi sur la profession d'avocat (initié en 2023) inclut des dispositions sur la communication numérique et l'utilisation des technologies.

[59] Un développement non régulé de l'IA peut conduire à des dérives : utilisation d'algorithmes biaisés, absence de supervision humaine, erreurs non détectées.

[60] La question de la responsabilité professionnelle en cas d'erreur de l'IA est débattue : voir BENSOUSSAN, "La responsabilité de l'avocat utilisateur d'intelligence artificielle", *Dalloz IP/IT*, 2022, p. 345.

[61] La dématérialisation des procédures est un facteur d'efficacité et d'accès à la justice. Son absence freine la modernisation de l'appareil judiciaire.

[62] Règlement (UE) 2016/679 du Parlement européen et du Conseil du 27 avril 2016 relatif à la protection des personnes physiques à l'égard du traitement des données à caractère personnel (RGPD).

[63] Au sens du RGPD, les avocats sont des "responsables de traitement" de données personnelles de leurs clients.

[64] Le RGPD impose : transparence sur l'usage des données, sécurité des traitements, minimisation (ne collecter que les données nécessaires), respect des droits des personnes (accès, rectification, effacement).

partenaires européens à des risques de non-conformité avec des réglementations extraterritoriales[65].

Ainsi, sur l'axe de la transformation numérique, la proposition de loi 2025 ne constitue ni une avancée, ni même une stagnation. Il s'agit d'un *recul fonctionnel majeur*[66]. En se contentant d'une mention anecdotique, elle maintient la profession dans un cadre réglementaire datant du XXe siècle, alors que la pratique, elle, est déjà entrée de plain-pied dans le XXIe[67]. Cet immense décalage entre la loi et la réalité crée une insécurité juridique pour les avocats, une absence de protection pour les justiciables et un frein considérable à la modernisation de la justice[68]. C'est sans doute la plus grande faiblesse de la proposition et une occasion manquée de préparer la profession aux défis de l'avenir[69].

AXE 2 : LES REGLES DISCIPLINAIRES, UNE AVANCEE SPECTACULAIRE

La crédibilité et l'honneur d'une profession autorégulée reposent entièrement sur la rigueur et l'impartialité de son système disciplinaire[70]. C'est le mécanisme par lequel la profession garantit au public que ses membres respectent les plus hauts standards de probité et de compétence[71]. Sur cet axe, la comparaison entre la loi de 1979 et la proposition de 2025 révèle une transformation profonde et positive[72].

Sous l'empire de l'Ordonnance-loi de 1979, le pouvoir disciplinaire est entièrement concentré entre les mains du Conseil de l'Ordre de chaque

---

[65] Les avocats congolais travaillant avec des clients européens ou des partenaires européens doivent respecter le RGPD sous peine de sanctions extraterritoriales.

[66] Le terme "recul fonctionnel" signifie que si le texte ne recule pas formellement (il ne supprime rien), il recule dans les faits en ne permettant pas à la profession de s'adapter au contexte contemporain.

[67] Le décalage entre la loi (analogique) et la pratique (numérique) crée une insécurité juridique et un vide normatif.

[68] Ce décalage est préjudiciable à tous les acteurs : avocats (insécurité juridique), justiciables (absence de protection), justice (frein à la modernisation).

[69] C'est une occasion manquée majeure de préparer la profession aux défis du XXIe siècle.

[70] L'autorégulation professionnelle repose sur la crédibilité du système disciplinaire. Voir André DAMIEN et al., *Règles de la profession d'avocat*, Paris, Dalloz, 2019, 14e éd., p. 345-378.

[71] Le système disciplinaire garantit au public que la profession respecte ses engagements déontologiques.

[72] Contrairement à l'axe numérique, l'axe disciplinaire révèle une transformation profonde et positive.

barreau[73]. Celui-ci agissait en tant que conseil de discipline, cumulant ainsi les fonctions administratives de gestion du barreau et les fonctions juridictionnelles de sanction des manquements déontologiques. Si ce système consacre le principe d'autorégulation, il est souvent critiqué pour son manque de spécialisation et les risques de règlement de compte, corporatisme ou de clientélisme, les membres du Conseil pouvant être amenés à juger des confrères avec qui ils entretenaient des relations de proximité[74].

La proposition de loi de 2025 opère une véritable révolution structurelle en la matière[75]. Il dissocie la fonction disciplinaire de la gestion courante du barreau en créant des organes spécialisés[76]. L'article 82 institue une *Commission de discipline au sein de chaque Conseil de l'Ordre chargée de connaître des contraventions, fautes et manquements commis par l'avocat*, et l'article 117 crée une *Commission nationale de discipline* au niveau de l'Ordre National, agissant comme juridiction d'appel. Elle connaît, au degré d'appel, des recours formés contre les décisions rendues par les commissions de discipline des Conseils de l'ordre. Cette structuration à deux niveaux (première instance et appel) renforce les garanties d'un procès équitable et crée une véritable architecture juridictionnelle au sein de la profession, garantissant le double degré de juridiction.

L'innovation la plus significative réside dans la composition de ces commissions. Pour prévenir le clientélisme et assurer une plus grande impartialité, la proposition de loi élargit leur composition au-delà des seuls membres en exercice du Conseil de l'Ordre. Les commissions incluront désormais d'anciens bâtonniers, d'anciens membres du Conseil, et des avocats reconnus pour leur notoriété et leur moralité[77]. Cette ouverture vise à garantir une plus grande impartialité et à bénéficier de l'expérience d'avocats chevronnés mais détachés des contingences électorales et politiques du moment[78].

---

[73] Ordonnance-loi de 1979, art. 84-121 : le pouvoir disciplinaire appartient au Conseil de l'Ordre.

[74] Les risques de corporatisme (protéger les confrères) et de clientélisme (favoriser ses alliés) étaient réels dans un système où les mêmes personnes géraient et jugeaient.

[75] La révolution structurelle consiste en la séparation des fonctions et la création d'organes spécialisés.

[76] La dissociation gestion/discipline est une meilleure pratique internationale reconnue.

[77] Proposition de loi 2025, art. 82, al. 2 : "La Commission de discipline est composée des personnes ci-après : 1. anciens bâtonniers; 2. membres du Conseil de l'Ordre; 3. anciens membres du Conseil de l'Ordre; 4. avocats à la notoriété et à la moralité avérées désignés par le conseil de l'ordre."

[78] Les anciens bâtonniers et avocats de notoriété avérée apportent expérience et sagesse, tout en étant détachés des enjeux politiques immédiats du Conseil en exercice.

Relevons qu'une question fondamentale, souvent au cœur des débats sur les réformes disciplinaires, concerne la composition des organes disciplinaires : *faut-il y inclure des magistrats pour garantir l'objectivité, ou maintenir une composition exclusivement professionnelle pour préserver l'indépendance de la profession[79]?* La proposition de loi 2025 tranche clairement en faveur de la seconde option. Les Commissions de discipline, tant au niveau local (article 82) qu'au niveau national (article 117), sont composées *exclusivement d'avocats* : anciens bâtonniers, membres en exercice et anciens membres des Conseils de l'Ordre, ainsi que des avocats reconnus pour leur notoriété et leur moralité. *Aucun magistrat ne siège dans ces organes disciplinaires.* Ce choix consacre le principe d'autonomie disciplinaire, selon lequel les membres d'une profession libérale autorégulée sont jugés, en matière déontologique, par leurs pairs, et non par des autorités externes[80].

Cette autonomie disciplinaire est un pilier de l'indépendance de la profession d'avocat vis-à-vis des pouvoirs publics, notamment du pouvoir judiciaire[81]. En garantissant que les avocats ne sont jugés que par d'autres avocats, le système préserve la capacité de la profession à s'autoréguler sans ingérence de l'État, renforçant ainsi la confiance entre avocats et clients et l'indépendance nécessaire à l'exercice du ministère de défense. C'est un principe reconnu internationalement comme essentiel aux professions libérales et consacré par les instances internationales telles que l'Union Internationale des Avocats (UIA) et l'American Bar Association (ABA)[82].

---

[79] Le débat sur la composition des organes disciplinaires oppose deux visions de l'impartialité : l'une privilégie le jugement par les pairs (autonomie, compétence technique), l'autre préfère l'intervention de magistrats (objectivité externe, confiance du public). Voir DAMIEN André et al., *Règles de la profession d'avocat*, Paris, Dalloz, 2018, 14e éd., p. 245-267.

[80] Sur le principe d'autonomie disciplinaire comme fondement de l'autorégulation professionnelle, voir COHEN Laurence, *Gouvernance des professions réglementées*, Bruxelles, Bruylant, 2017, p. 189-234. Ce principe est au cœur du modèle continental européen de la profession d'avocat.

[81] L'indépendance de l'avocat vis-à-vis du pouvoir judiciaire est consacrée par les Principes de base des Nations Unies relatifs au rôle du barreau (adoptés par le huitième Congrès des Nations Unies pour la prévention du crime et le traitement des délinquants, La Havane, 1990), notamment le principe 24: *"Les avocats ne doivent pas être identifiés à leurs clients ou aux causes de leurs clients du fait de l'exercice de leurs fonctions."*

[82] L'Union Internationale des Avocats (UIA) affirme dans sa Charte des principes essentiels de l'avocat (2019) que *"la profession d'avocat s'organise de manière autonome"* et que *"l'avocat est soumis à la discipline de son Ordre"*.

Le choix de l'autonomie totale s'accompagne toutefois de garde-fous robustes pour prévenir tout risque de corporatisme ou de complaisance. La composition élargie des commissions, incluant des avocats n'appartenant pas au Conseil de l'Ordre en exercice (anciens bâtonniers, avocats de notoriété), garantit un regard distancié et une plus grande objectivité. En d'autres termes, la composition élargie est une technique de prévention du clientélisme recommandée par les instances internationales. Elle permet d'éviter que les membres du Conseil de l'Ordre en exercice ne jugent des confrères avec lesquels ils entretiennent des relations trop étroites[83].

Bien plus, la séparation institutionnelle entre la Commission de discipline et le Conseil de l'Ordre évite tout cumul de fonctions et tout conflit d'intérêts. L'architecture à deux niveaux (première instance et appel national) permet un double examen des affaires. Enfin, un pourvoi en cassation devant le Conseil d'État (article 186) assure un contrôle de légalité externe par une juridiction étatique. Le bien-fondé de ce recours devant une juridiction étatique (ici le Conseil d'État), qui est un standard international, garantissant le respect des droits fondamentaux et du principe de légalité. *C'est un contrôle de légalité (et non un réexamen au fond)[84]*.

La proposition modernise également l'échelle des peines de manière substantielle, offrant plus de flexibilité et de proportionnalité. L'article 174 porte *la durée maximale de la suspension d'un* (sous la loi de 1979) *à trois ans,* offrant une sanction intermédiaire plus dissuasive avant la radiation. Surtout, il introduit des mécanismes d'individualisation de la peine qui n'existe pas dans la loi de 1979 : *le sursis, total ou partiel, pour les peines de suspension et de radiation, et la possibilité d'une remise de peine après l'exécution d'une partie de la sanction* (art. 175). Ces outils permettent à l'organe disciplinaire d'adapter la sanction à la personnalité de l'avocat et aux circonstances de la faute, une approche plus moderne et plus juste que la simple application mécanique d'une peine[85].

Enfin, la proposition renforce considérablement les garanties procédurales, ce qui est conforme aux exigences de l'État de Droit et aux standards

---

[83] Voir Conseil des barreaux européens (CCBE), *Recommandations sur les systèmes disciplinaires*, 2016.
[84] Lire la jurisprudence de la Cour européenne des droits de l'homme sur l'article 6 de la Convention EDH. Voir CEDH, *Le Compte, Van Leuven et De Meyere c. Belgique*, 23 juin 1981
[85] L'individualisation de la peine est un principe moderne de justice, permettant d'adapter la sanction aux circonstances. Voir PRADEL, *Droit pénal général*, Paris, Cujas, 2019, 21e éd., p. 567-589.

internationaux des droits de la défense. Les articles 178 à 182 détaillent les droits de la défense : l'avocat poursuivi doit être entendu, il a le droit de se faire assister par un confrère, de récuser un membre de la commission et d'avoir accès à son dossier. L'exécution immédiate des décisions, nonobstant appel ou cassation (article 187), renforce l'efficacité et l'autorité du système disciplinaire tout en maintenant les voies de recours.

Cette réforme place la RDC en parfaite adéquation avec les meilleures pratiques internationales en matière de justice disciplinaire. En France, la loi n° 2015-990 du 6 août 2015 a également séparé les fonctions de gestion et de discipline en créant des conseils de discipline régionaux, distincts des conseils de l'Ordre locaux, dans un même souci d'impartialité et de spécialisation. La tendance générale en Europe est à la spécialisation des organes disciplinaires et au renforcement des garanties procédurales, reconnaissant que la justice ordinale, bien que professionnelle, doit respecter les mêmes standards que la justice étatique[86]. En créant des commissions dédiées avec une composition élargie, la proposition de réforme en RDC, s'inscrit pleinement dans ce mouvement de modernisation et de crédibilisation de la justice ordinale et pourrait servir de modèle en Afrique.

Le nouveau dispositif disciplinaire – proposé - est non seulement conforme, mais il est même à l'avant-garde sur le continent africain. La structuration à deux degrés (première instance et appel), la composition mixte des commissions (membres en exercice et anciens), la modernisation de l'échelle des peines et l'introduction du sursis et de la remise de peine constituent un ensemble cohérent et robuste, qui pourrait servir de modèle à d'autres barreaux de la région engagés dans des réformes similaires. Il répond aux exigences d'un État de Droit moderne qui requiert que toute justice, y compris celle rendue par les pairs, soit impartiale, efficace et respectueuse des droits de la défense.

Ainsi, *sur l'axe des règles disciplinaires, la proposition de loi de 2025 constitue une avancée spectaculaire et indéniable*. Il remplace un système vieillissant et potentiellement sujet au corporatisme par une architecture moderne, spécialisée et transparente. En renforçant à la fois l'efficacité de la sanction et les garanties des droits de la défense, il consolide la crédibilité et l'intégrité de la profession d'avocat dans son ensemble. C'est l'un des points les plus forts et les plus réussis de la réforme proposée. Le secret

---

[86] La Cour européenne des droits de l'homme exige que les procédures disciplinaires respectent les mêmes garanties que les procédures judiciaires. Voir CEDH, *Le Compte, Van Leuven et De Meyere c. Belgique*, 23 juin 1981.

professionnel de l'avocat est la pierre angulaire de la relation de confiance avec le client et une garantie essentielle du droit de la défense.

AXE 3 : LE SECRET PROFESSIONNEL, UNE PROTECTION ANACHRONIQUE MAIS FONDAMENTALEMENT SOLIDE

Le secret professionnel est l'un des devoirs les plus sacrés de l'avocat, la clé de voûte de la relation de confiance avec son client et une garantie essentielle du droit à la défense[87]. Son périmètre et sa robustesse sont des indicateurs de la place accordée à l'État de Droit dans une société[88].

a. Comparaison loi de 1979 vs la proposition de 2025 : Une conception indivisible préservée

L'Ordonnance-loi de 1979 consacrait déjà le secret professionnel comme un devoir fondamental de l'avocat[89]. La proposition de loi de 2025 reprend cette consécration dans des termes quasiment identiques, préservant ainsi une conception extensive et indivisible du secret professionnel qui constitue l'une des forces du système congolais[90]. *Le droit congolais consacre une conception indivisible du secret professionnel, qui couvre toute activité de l'avocat – qu'il s'agisse de conseil ou de défense – sans distinction*[91]. Cette conception, fondée sur quatre piliers solides (la confiance nécessaire entre l'avocat et son client, le rôle de l'avocat comme auxiliaire de justice, la protection des droits de la défense, et l'impossibilité de tracer une frontière artificielle entre conseil et défense), place aujourd'hui la RDC parmi les systèmes juridiques les plus protecteurs du secret professionnel[92].

L'article 63, point 10, interdit à l'avocat de *"révéler les secrets qui lui sont confiés en raison de sa profession"*, et le point 11 interdit de *"communiquer à des tiers tous renseignements ou documents relatifs à une affaire"*, avec

---

[87] Le secret professionnel de l'avocat est la pierre angulaire de la relation de confiance avec le client et une garantie essentielle du droit de la défense. Sur ce sujet fondamental, voir les travaux de doctrine française et belge.

[88] Le secret professionnel est un indicateur de la place accordée aux libertés fondamentales dans une société.

[89] Ordonnance-loi de 1979, art. 42-73 sur les droits et devoirs, incluant le secret professionnel.

[90] Cette préservation de la conception indivisible du secret professionnel constitue l'une des forces du système congolais face aux évolutions régressives observées dans d'autres juridictions.

[91] Proposition de loi 2025, art. 63, points 10 et 11.

[92] À la différence de la jurisprudence française récente (notamment l'arrêt du 30 septembre 2025 qui a créé une distinction controversée entre conseil et défense), le droit congolais maintient fermement l'indivisibilité du secret professionnel, conformément aux standards internationaux établis par la Cour européenne des droits de l'homme et la jurisprudence de la Cour de justice de l'Union européenne.

une seule exception : *"sauf s'il est requis par la loi"*[93]. La reforme maintient également la protection physique du cabinet, dont la perquisition ne peut avoir lieu sans la présence du bâtonnier (article 61)[94]. En apparence, il y a donc une continuité dans la protection de ce principe fondamental[95].

b. Un paradoxe remarquable : Le système congolais plus protecteur que des systèmes réputés avancés

Il est remarquable de constater que le système congolais offre aujourd'hui une protection plus étendue du secret professionnel que des systèmes juridiques réputés avancés[96]. En France, un arrêt récent de la Chambre criminelle de la Cour de cassation du 30 septembre 2025, sous le numéro de pourvoi 24-85.225, *a créé une distinction controversée entre conseil et défense, n'offrant plus qu'une protection limitée aux activités de conseil, sauf lien avec la défense*[97].

Cette évolution régressive a été vivement critiquée par la doctrine et semble en contradiction avec les standards européens établis par la Cour européenne des droits de l'homme et la Cour de justice de l'Union européenne[98]. La RDC, en maintenant l'indivisibilité du secret professionnel, se positionne ainsi comme un système plus protecteur des droits de la défense et de la confiance nécessaire entre l'avocat et son client. Ce paradoxe illustre que le développement du droit ne suit pas toujours une trajectoire linéaire et que des régressions peuvent survenir même dans des systèmes juridiques réputés. Il constitue également un avertissement : la RDC doit rester vigilante pour ne

---

[93] Ibid., art. 63, point 10 : "révéler les secrets confiés"; point 11 : "communiquer [...] renseignements ou documents [...] sauf s'il est requis par la loi".

[94] Ibid., art. 61 : "Aucune perquisition ne peut avoir lieu au cabinet d'un avocat sans la présence du bâtonnier ou de son délégué."

[95] Cette continuité formelle pourrait être perçue comme une garantie de stabilité du principe.

[96] Cette analyse comparative montre que la France opère désormais une distinction entre conseil (protection limitée) et défense (protection totale), tandis que la RDC maintient un secret unique couvrant toutes les activités.

[97] Cette décision, qui a suscité de vives réactions au sein de la profession et de la doctrine juridique, opère une distinction fondamentale entre l'activité de conseil et l'activité de défense de l'avocat, en limitant la protection absolue du secret professionnel aux seules activités relevant de l'exercice des droits de la défense.

[98] S'agissant de la saisissabilité des consultations, la France autorise désormais la saisie des consultations relevant du "conseil pur", alors que la RDC l'interdit sauf exceptions strictement définies. Cette régression a été critiquée par la doctrine française qui y voit une atteinte aux droits de la défense.

pas céder aux pressions qui pourraient, à l'avenir, viser à affaiblir le secret professionnel au nom de la lutte contre la criminalité économique ou de l'efficacité des enquêtes[99].

c. Les exceptions légales strictement définies

Malgré son caractère absolu, le secret professionnel connaît quelques exceptions strictement définies par la loi, qui doivent être interprétées de manière restrictive[100].

- *Premièrement, les avocats peuvent être tenus de signaler certaines infractions particulièrement graves :* crimes contre l'humanité (dont l'imprescriptibilité et la gravité exceptionnelle justifient cette exception), crimes de guerre, et maltraitance de mineurs de moins de quinze ans.

- *Deuxièmement, dans le cadre de la lutte contre le blanchiment d'argent et le financement du terrorisme,* les avocats peuvent être soumis à des obligations de déclaration de soupçon, mais ces obligations doivent être mises en œuvre sous réserve du respect du secret professionnel pour les activités relevant de la défense, notamment à travers le mécanisme du "filtre du bâtonnier"[101].

- *Troisièmement, l'avocat peut révéler des informations couvertes par le secret professionnel pour assurer sa propre défense dans une procédure disciplinaire ou pénale*[102].

d. Les garanties procédurales lors des perquisitions

Lorsqu'une perquisition est effectuée au cabinet d'un avocat ou chez un client pour saisir des documents susceptibles de relever du secret

---

[99] Cette vigilance est d'autant plus nécessaire que les pressions pour affaiblir le secret professionnel au nom de la lutte contre la criminalité économique (blanchiment, corruption, fraude fiscale) sont croissantes à l'échelle internationale.

[100] Cependant, la continuité devient problématique quand le contexte technologique a radicalement changé.

[101] La Loi n°22/068 du 27 décembre 2022 relative à la lutte contre le blanchiment de capitaux et le financement du terrorisme impose des obligations de vigilance aux avocats, mais ces obligations doivent être mises en œuvre dans le respect du secret professionnel pour les activités relevant de la défense en justice.

[102] Cette exception permet à l'avocat de se défendre contre des accusations portées contre lui, sans quoi il serait dans l'impossibilité de faire valoir ses droits. Elle est reconnue dans la plupart des systèmes juridiques.

professionnel, des garanties procédurales strictes doivent être respectées pour préserver l'équilibre entre les nécessités de l'enquête et la protection du secret[103]. La proposition de loi gagnerait à expliciter ces garanties de manière détaillée : *présence obligatoire du bâtonnier ou de son représentant lors de toute perquisition au cabinet d'un avocat ; possibilité pour l'avocat de s'opposer à la saisie de documents couverts par le secret professionnel, avec motivation écrite de son opposition ; mise sous scellés fermés des documents contestés dans l'attente de la décision du juge ; et intervention d'un juge dans un délai court (par exemple, 72 heures) pour statuer de manière impartiale sur la saisissabilité des documents contestés*[104]. Ces garanties, déjà reconnues dans plusieurs systèmes juridiques, constituent un rempart essentiel contre les atteintes arbitraires au secret professionnel[105].

e. Adaptation (ou non) à l'ère numérique : Un défi majeur

C'est précisément la continuité formelle qui pose problème face aux menaces contemporaines[106]. *En se contentant de reproduire une formulation vieille de près d'un demi-siècle, la proposition de loi de 2025 ignore complètement les nouvelles menaces qui pèsent sur le secret professionnel à l'ère numérique*[107]. La proposition de loi reste muette sur la manière de protéger la confidentialité des communications électroniques (courriels, messageries instantanées), du stockage de données sur des serveurs cloud (souvent situés à l'étranger et soumis à des lois moins protectrices), ou face aux risques de cyberattaques et de surveillance étatique[108].

À l'ère numérique, la protection du secret professionnel exige impérativement la mise en œuvre de mesures techniques de sécurisation des

---

[103] Les nouvelles menaces numériques (cyberattaques, surveillance, stockage cloud) ne sont pas prises en compte.

[104] Ces garanties techniques sont essentielles pour préserver le secret professionnel lors des perquisitions, qui représentent l'une des situations les plus sensibles de confrontation entre les nécessités de l'enquête et la protection du secret.

[105] La jurisprudence de la Cour européenne des droits de l'homme et de la Cour de justice de l'Union européenne a établi que ces garanties sont des exigences minimales pour qu'une perquisition au cabinet d'un avocat soit conforme aux standards de l'État de droit.

[106] Ces risques contemporains exigent des protections spécifiques que la formulation de 1979 ne peut offrir.

[107] Les nouvelles menaces numériques (cyberattaques, surveillance électronique, stockage cloud transfrontalier) exigent des protections spécifiques que la formulation de 1979 ne peut offrir.

[108] Ces risques contemporains ne sont pas purement théoriques : de nombreux cabinets d'avocats ont été victimes de cyberattaques ayant entraîné des fuites de données confidentielles, avec des conséquences graves pour les clients et pour la réputation de la profession.

communications électroniques[109]. Les communications entre avocat et client peuvent être vulnérables à des interceptions, qu'elles soient le fait d'autorités publiques dans le cadre d'enquêtes ou d'acteurs privés malveillants (cyberattaques, espionnage industriel). La proposition de loi pourrait utilement imposer aux avocats des obligations de cybersécurité proportionnées : *utilisation du chiffrement de bout en bout pour les communications sensibles par email ou messageries instantanées ; stockage sécurisé des données clients sur des serveurs protégés ou des services cloud offrant des garanties de confidentialité ; procédures documentées à suivre en cas de violation de données (notification immédiate au bâtonnier, information des clients concernés) ; et formation obligatoire aux bonnes pratiques de cybersécurité lors de la formation initiale et continue*[110]. Ces obligations, loin de constituer une charge excessive, représentent le prolongement logique du secret professionnel à l'ère numérique[111].

Le secret professionnel, tel que défini dans la proposition, reste essentiellement un concept analogique, protégeant la parole échangée dans l'intimité du cabinet et les documents papier enfermés dans un tiroir[112]. Il n'offre aucune protection ni directive suffisante pour le secret qui est aujourd'hui massivement dématérialisé[113].

f. Les appels d'offres pour services juridiques, une menace nouvelle

Une dimension supplémentaire de la protection du secret professionnel mérite une attention particulière : *celle liée aux procédures d'appels d'offres pour services juridiques, de plus en plus fréquentes notamment dans le secteur minier ou autres*[114]. Ces procédures peuvent exiger des cabinets

---

[109] Le secret professionnel est pensé pour un monde physique (cabinet, documents papier, archives).

[110] Ces obligations de cybersécurité ne sont pas de simples recommandations techniques, mais des exigences déontologiques qui découlent directement du devoir de secret professionnel et de la protection des intérêts du client.

[111] Le chiffrement de bout en bout, par exemple, garantit que seuls l'émetteur et le destinataire peuvent lire le contenu des communications, même en cas d'interception par un tiers ou d'accès non autorisé au serveur. Cette technologie est aujourd'hui accessible et devrait être la norme pour toute communication sensible entre avocat et client.

[112] Aujourd'hui, l'essentiel des communications et des données sont dématérialisés, nécessitant des protections adaptées.

[113] La dématérialisation massive des dossiers, des échanges et des recherches juridiques crée un nouveau paradigme de la confidentialité qui nécessite une adaptation législative urgente.

[114] La Loi n°17/001 du 8 février 2017 relative à la sous-traitance dans le secteur privé impose aux sociétés minières de recourir à des sous-traitants locaux congolais pour leurs activités non essentielles, y compris les services juridiques. Au-delà d'un seuil de 100 millions de francs

candidats la communication d'informations sensibles, telles que des références de dossiers similaires déjà traités, avec mention du client concerné et des résultats obtenus. Or, révéler l'identité de ses clients passés ou présents – ne serait-ce que dans une offre soumise à un comité de sélection – peut poser un problème au regard du secret professionnel[115]. De même, détailler sa stratégie envisagée pour résoudre le problème du client dans l'offre technique comporte le risque de dévoiler des éléments confidentiels. La proposition de loi gagnerait à préciser que l'avocat soumissionnant à un appel d'offres doit présenter des références anonymisées (sans citer le nom des clients, mais en décrivant les dossiers de façon générale), ou ne divulguer des données couvertes par le secret qu'après accord exprès du client référent[116]. Cette problématique, identifiée lors de la Journée Scientifique du Barreau de la RDC pendant la conférence organise par le barreau du Haut-Katanga, consacrée à la sous-traitance minière, illustre que "la publicité qui entoure l'appel d'offres s'accorde mal avec la discrétion normalement attachée à la pratique du droit"[117].

AXE 4 : PUBLICITE ET COMMUNICATION, ENTRE UN CONSERVATISME DEPASSE ET UNE MODERNISATION NECESSAIRE MAIS ENCADREE

La question de la publicité et de la communication des avocats cristallise une tension fondamentale entre deux impératifs apparemment contradictoires[118]. D'un côté, la tradition déontologique exige dignité, discrétion et modération, rejetant toute forme de commercialisation de la profession qui pourrait dégrader son image de service désintéressé au service de la justice[119]. De l'autre, les réalités économiques contemporaines imposent aux cabinets

---

congolais, la loi exige que le contrat de sous-traitance fasse l'objet d'un appel d'offres public, créant ainsi une problématique nouvelle pour la protection du secret professionnel.

[115] Cette problématique a été identifiée lors de la Journée Scientifique du Barreau de la RDC consacrée à la sous-traitance minière et aux appels d'offres pour services juridiques (2025), où il a été souligné que "la publicité qui entoure l'appel d'offres s'accorde mal avec la discrétion normalement attachée à la pratique du droit".

[116] Une solution équilibrée pourrait consister à exiger que les documents d'appel d'offres précisent que les références doivent être anonymisées, ou à autoriser l'avocat à ne divulguer l'identité de ses clients référents qu'après obtention de leur consentement exprès et écrit.

[117] Joseph YAV KATSHUNG, Intervention lors de la Journée Scientifique du Barreau de la RDC, "Sous-traitance minière et soumission aux appels d'offre des services juridiques par les avocats : Entre régulation, compétitivité et pourquoi pas opportunité ?", 2025.

[118] Proposition de loi 2025, art. 63, point 7.

[119] Cette formulation ne distingue pas la publicité commerciale (promotionnelle) de la communication professionnelle (informative).

d'avocats, confrontés à une concurrence croissante et à l'émergence de nouveaux acteurs (*Legaltechs*, cabinets étrangers, professionnels du conseil), de se faire connaître, d'affirmer leur identité et de conquérir des parts de marché[120].

À l'ère du numérique, où l'information circule librement et où la visibilité en ligne est devenue un facteur clé de réussite professionnelle, maintenir une interdiction stricte de toute communication risque de condamner les avocats, en particulier les plus jeunes et ceux des barreaux émergents, à l'invisibilité et à la marginalisation économique[121]. La proposition de loi 2025 aborde cette thématique de manière prudente, voire conservatrice[122]. Il s'agit d'examiner si cette prudence est justifiée ou si elle constitue un frein à la modernisation de la profession.

A. *L'interdiction traditionnelle de la publicité : un principe en évolution*

1. Le principe traditionnel et ses fondements historiques

Historiquement, la profession d'avocat, issue de la tradition du "barreau" médiéval et des ordres professionnels d'Ancien Régime, s'est construite sur une éthique de désintéressement et de dignité[123]. L'avocat n'était pas un commerçant vendant ses services au plus offrant, mais un serviteur de la justice et un défenseur des droits, rétribué par des "honoraires" (du latin *honor*) plutôt que par un salaire ou un prix[124]. Cette conception nobiliaire de la profession impliquait une aversion profonde pour toute forme de publicité, assimilée à du "racolage" indigne et contraire à l'honneur[125].

L'Ordonnance-loi de 1979 reflétait cette conception en interdisant expressément à l'avocat de "racoler la clientèle ou de rémunérer un intermédiaire dans ce but" (article 22, point 6, équivalent de l'article 63, point 6 du projet 2025) et de recourir à des "moyens publicitaires"[126]. Cette interdiction visait plusieurs objectifs légitimes[127] :

---

[120] En France, la loi Hamon de 2014 a libéralisé la publicité des avocats. En Belgique, une évolution similaire a eu lieu.

[121] Ce conservatisme handicape le développement économique des cabinets et limite l'information du public.

[122] C'est sur l'organisation que le projet apporte ses innovations les plus visionnaires.

[123] La limitation des mandats vise à prévenir les dérives autoritaires et clientélistes observées sous l'empire de la loi de 1979.

[124] Ibid., art. 164-167.

[125] Ibid., art. 42 et suivants.

[126] L'évaluation est sans équivoque sur cet axe : c'est une avancée majeure.

[127] Ces innovations marquent une évolution vers un modèle plus social et protecteur.

- *Protection du public* : Éviter que les justiciables ne soient manipulés par des promesses mensongères ou des campagnes publicitaires agressives qui pourraient les induire en erreur sur la compétence réelle d'un avocat[128].
- *Dignité de la profession* : Préserver l'image de noblesse et de désintéressement du barreau, en évitant que la profession ne soit perçue comme une activité commerciale ordinaire[129].
- *Égalité entre avocats* : Empêcher que les avocats les plus fortunés, capables de financer des campagnes publicitaires coûteuses, n'écrasent la concurrence et n'accaparent la clientèle au détriment de leurs confrères moins nantis[130].

2. Les limites du principe traditionnel à l'ère moderne

Si ces objectifs demeurent légitimes, les modalités de leur mise en œuvre doivent évoluer pour s'adapter aux transformations de la société[131]. Plusieurs facteurs remettent en cause l'interdiction stricte de toute publicité[132] :

- *Évolution du marché juridique* : La profession d'avocat est devenue plus compétitive, avec une augmentation du nombre de praticiens, l'émergence de cabinets structurés et internationalisés, et la concurrence d'acteurs non-avocats (consultants, *Legaltechs*)[133]. Dans ce contexte, interdire aux avocats de communiquer sur leurs compétences revient à les handicaper face à des concurrents qui, eux, ne sont pas soumis aux mêmes contraintes déontologiques[134].

- *Besoin de visibilité pour les avocats* : Pour un jeune avocat qui s'installe, se faire connaître est un défi existentiel[135]. À l'époque où le "bouche-à-oreille" et les réseaux personnels suffisaient, l'interdiction de publicité était supportable[136]. Aujourd'hui, avec la mobilité

---

[128] Proposition de loi 2025, art. 4.
[129] Ibid., art. 4, al. 2.
[130] Si effectivement budgétisée, car la mise en œuvre dépendra de la volonté politique et des moyens alloués.
[131] Ibid., art. 169-172.
[132] Cette protection sociale est une revendication ancienne de la profession.
[133] Ibid., art. 122.
[134] La diversification des modes d'exercice répond aux besoins d'une économie juridique de plus en plus complexe.
[135] La profession d'avocat est confrontée à des transformations majeures liées aux évolutions technologiques, sociétales et économiques contemporaines.
[136] Ces transformations redéfinissent les modes d'exercice, les obligations déontologiques et la relation avec les justiciables.

géographique, l'urbanisation et la digitalisation, un avocat qui ne communique pas risque de ne jamais constituer une clientèle viable[137].

- *Évolution des pratiques internationales* : Dans de nombreux pays de tradition juridique similaire (France, Belgique), les règles sur la publicité ont été assouplies depuis les années 1990-2000. Les instances internationales comme l'Union Internationale des Avocats (UIA) reconnaissent désormais qu'une certaine forme de communication professionnelle est compatible avec la déontologie, à condition qu'elle soit véridique, dignement présentée et non agressive.

- *Droit du public à l'information* : L'interdiction de publicité peut être vue comme une entrave au droit du public à l'information[138]. Les justiciables ont le droit de savoir quels avocats sont disponibles, dans quels domaines ils sont compétents, et à quelles conditions ils exercent[139]. Une interdiction absolue crée une asymétrie d'information qui profite aux avocats déjà établis et nuit aux justiciables qui peinent à trouver un conseil adapté à leurs besoins[140].

B. Les dispositions de la proposition de loi 2025 : un assouplissement mesuré

1. Ce qui reste strictement interdit

La proposition de loi 2025 maintient des interdictions fermes et justifiées[141]. L'article 63, point 6, interdit de *"racoler la clientèle ou de rémunérer un intermédiaire dans ce but"*[142]. *Le démarchage actif*, c'est-à-dire la sollicitation directe et non sollicitée de clients potentiels, reste prohibé[143]. Cette interdiction est fondée sur la nécessité de protéger les justiciables,

---

[137] Un cadre législatif moderne et complet est nécessaire pour garantir une justice efficace, accessible et adaptée aux réalités du XXIe siècle.

[138] L'analyse s'articule autour de quatre axes majeurs : révolution numérique, modernisation du cadre éthique, dimension humaine, et accès à la justice.

[139] La numérisation transforme structurellement la pratique du droit dans toutes ses dimensions.

[140] Un projet de loi moderne doit encadrer les opportunités et les risques de la révolution numérique.

[141] Les standards internationaux convergent vers une régulation équilibrée qui favorise l'innovation tout en protégeant les principes essentiels.

[142] L'intelligence artificielle, notamment l'IA générative, constitue une révolution pour les professionnels du droit.

[143] Les technologies d'IA ne sont plus de simples outils mais des partenaires capables d'augmenter les capacités des avocats.

souvent en situation de vulnérabilité (après un accident, un divorce, une mise en examen), contre des pratiques prédatrices[144].

L'article 63, point 7, interdit d'"user de tous moyens publicitaires, sauf ce qui est strictement nécessaire pour l'information du public"[145]. Cette formulation maintient le principe d'une interdiction de la publicité commerciale classique (spots télévisés, affiches dans le métro, publicités comparatives, etc.)[146]. Elle proscrit également, implicitement, toute publicité mensongère, trompeuse, dénigrant les confrères, ou contraire à la dignité de la profession[147].

2. Ce qui est autorisé : une communication informative encadrée

La formule *"sauf ce qui est strictement nécessaire pour l'information du public"* ouvre une brèche pour une *communication informative, non commerciale*, destinée à permettre au justiciable de choisir son conseil en connaissance de cause[148]. Bien que la proposition de loi ne détaille pas explicitement les modalités de cette communication, une interprétation éclairée par les pratiques internationales et les besoins contemporains permet d'identifier ce qui devrait être autorisé :

- *Communication institutionnelle* : Présentation du cabinet (nom, adresse, contacts, historique), de l'avocat (formation, parcours professionnel, domaines de compétence), sans exagération ni garantie de résultat.
- *Présence sur internet* : Site web professionnel sobre et informatif, profils sur des réseaux sociaux professionnels (LinkedIn, etc.), inscription sur des annuaires en ligne d'avocats.
- *Publications professionnelles* : Articles juridiques dans des revues spécialisées, participation à des conférences, interventions dans des colloques, enseignement universitaire[149]. Ces activités renforcent la notoriété de l'avocat tout en contribuant au rayonnement intellectuel de la profession[150].

---

[144] Les outils de Legaltech permettent d'automatiser des tâches routinières et d'analyser des volumes massifs de jurisprudence.

[145] Des études montrent que jusqu'à 44% des tâches juridiques pourraient être automatisées, libérant les avocats pour des activités à plus haute valeur ajoutée.

[146] Le silence du projet de loi 2025 sur l'IA est particulièrement préoccupant.

[147] Aucune disposition du projet n'encadre l'utilisation des outils d'IA générative ou la responsabilité en cas d'erreur algorithmique.

[148] Cette omission constitue la faiblesse la plus critique du projet, qui réglemente une profession du XXIe siècle avec des concepts du XXe.

[149] L'essor des Legaltechs crée de nouvelles formes d'exercice de la profession.

[150] Des avocats deviennent entrepreneurs en développant des plateformes de services juridiques en ligne.

- *Participation à des événements professionnels* : Présence à des salons professionnels, à des journées portes ouvertes organisées par les barreaux, à des événements de sensibilisation juridique du public[151].

3. Les conditions et limites : un équilibre déontologique

La communication autorisée doit respecter des conditions strictes pour rester compatible avec la déontologie[152] :

- *Véracité* : Les informations communiquées doivent être exactes et vérifiables[153]. Toute exagération des compétences, tout mensonge sur les résultats obtenus ou les spécialisations détenues constitue une faute déontologique grave[154].
- *Dignité et discrétion* : La communication doit rester sobre, mesurée, et éviter tout sensationnalisme ou toute présentation tapageuse qui dégraderait l'image de la profession.
- *Pas de garantie de résultat* : L'avocat ne peut jamais garantir l'issue favorable d'un procès ou d'une négociation, car cela dépend de multiples facteurs indépendants de sa volonté[155]. Toute publicité promettant un résultat certain serait trompeuse et contraire à la déontologie[156].
- *Respect de la confidentialité* : L'avocat ne peut utiliser le nom de ses clients ou les détails de leurs affaires à des fins publicitaires sans leur consentement exprès[157].
- *Contrôle déontologique* : Les organes ordinaux (Conseil de l'Ordre, Ordre National) doivent surveiller les pratiques publicitaires des avocats et sanctionner les abus[158].

C. La question des appels d'offres : une zone grise déontologique cruciale

---

[151] Les activités commerciales des avocats doivent rester compatibles avec les principes déontologiques fondamentaux d'indépendance, de probité et de secret professionnel.

[152] Le cadre réglementaire français soumet les avocats qui commercialisent des services connexes aux mêmes règles déontologiques.

[153] Un développement non régulé du marché du droit numérique pourrait se faire au détriment de la sécurité juridique et de l'intégrité de la profession.

[154] L'intégration de l'IA soulève des questions inédites en matière de responsabilité civile professionnelle.

[155] La question de la responsabilité en cas d'erreur de l'IA est complexe et non résolue.

[156] Plusieurs acteurs peuvent être tenus responsables : le concepteur de l'IA, l'avocat utilisateur, ou le cabinet employeur.

[157] Une proposition de loi moderne doit aborder la complexité de la responsabilité liée à l'IA.

[158] L'AI Act européen pourrait inspirer un régime de responsabilité partagée adapté au contexte congolais.

1. Le contexte économique congolais : opportunités et tensions

La RDC connaît, depuis plusieurs années, une dynamique économique particulière qui crée de nouvelles opportunités pour les cabinets d'avocats congolais. La loi sur la sous-traitance dans le secteur minier, par exemple, impose aux entreprises étrangères de recourir à des prestataires congolais pour certains services. De nombreuses entreprises privées et organisations internationales lancent régulièrement des appels d'offres pour des prestations juridiques (conseil, contentieux, rédaction d'actes, audits juridiques.

Ces appels d'offres représentent des marchés considérables, souvent chiffrés en dizaines ou centaines de milliers de dollars. Pour les cabinets congolais, répondre à ces appels d'offres est une opportunité de développement économique, de renforcement de leurs compétences et de contribution à la souveraineté juridique nationale. Cependant, cette pratique soulève une question déontologique majeure : ***répondre à un appel d'offres constitue-t-il une forme de démarchage prohibé ?***

2. La tension déontologique : démarchage ou réponse légitime ?

Traditionnellement, le démarchage se définit comme la sollicitation active et non sollicitée d'un client potentiel. L'avocat qui démarche va vers le client, le relance, insiste, exerce une pression. Cette pratique est prohibée car elle place le justiciable, souvent vulnérable et peu informé, dans une situation où il pourrait prendre une décision précipitée et mal éclairée.

Or, dans le cas d'un appel d'offres, *la démarche est inversée* : ce n'est pas l'avocat qui sollicite le client, mais le client (entreprise, administration, organisation) qui sollicite des offres de services juridiques. L'appel d'offres est public, ouvert à tous, et les critères de sélection sont (en principe) objectifs et transparents. Le client n'est pas un justiciable vulnérable, mais une entité sophistiquée, capable d'évaluer les offres reçues. Dans ce contexte, interdire aux avocats de répondre aux appels d'offres reviendrait à les priver d'une source légitime de clientèle et à les désavantager face à des concurrents étrangers non soumis aux mêmes contraintes.

3. La distinction démarchage actif / démarchage passif : une solution pragmatique

Pour résoudre cette tension, une distinction conceptuelle s'impose entre *démarchage actif* (prohibé) et *démarchage passif* (autorisé) :

- *Le démarchage actif*, c'est l'avocat prend l'initiative de contacter un client potentiel qui ne l'a pas sollicité, par lettre, email, appel téléphonique, visite à domicile, etc.. Cette pratique reste interdite car elle comporte un risque de pression et de manipulation.

- *Le démarchage passif* (ou *réponse à sollicitation*), c'est lorsque l'avocat répond à une demande publique ou privée émanant du client lui-même (appel d'offres, demande de propositions, invitation à soumissionner). *Cette pratique devrait être autorisée car elle respecte l'initiative du client et s'inscrit dans une logique de marché transparent.*

Cette distinction, déjà adoptée dans certains systèmes juridiques étrangers, permet de concilier l'interdiction du racolage (qui protège le public) et la participation des avocats à l'économie de marché (qui favorise leur développement)[159].

4. Recommandations pour la proposition de loi 2025

La proposition de loi 2025 ne mentionne pas explicitement les appels d'offres. Cette lacune crée une insécurité juridique pour les cabinets d'avocats qui souhaitent répondre à ces opportunités sans enfreindre les règles déontologiques. Il serait souhaitable que le texte législatif, ou à défaut le règlement intérieur de l'Ordre National, clarifie explicitement que la participation à des appels d'offres publics ou privés ne constitue pas un démarchage prohibé, à condition que[160] :

---

[159] En France, l'évolution de la réglementation sur la publicité des avocats illustre le passage d'une conception traditionnelle à une approche moderne[159]. Jusqu'aux années 1980, toute publicité était strictement interdite[159]. À partir des années 1990, sous l'impulsion de la jurisprudence de la Cour de justice de l'Union européenne et de l'évolution des mentalités, les règles ont été progressivement assouplies. Aujourd'hui, le Règlement Intérieur National (RIN) de la profession d'avocat en France autorise une communication informative, à condition qu'elle soit "véridique et objective" et qu'elle respecte la dignité de la profession. Les avocats français peuvent avoir un site internet, être présents sur les réseaux sociaux professionnels, participer à des annuaires en ligne, publier des articles, et même sponsoriser des événements culturels ou sportifs à condition de ne pas en faire une publicité commerciale agressive. Le Conseil National des Barreaux (CNB) français a publié des guides pratiques pour aider les avocats à naviguer dans cet environnement numérique complexe. En Belgique, l'évolution a été comparable. Le Code de déontologie de l'avocat belge, adopté par l'Ordre des barreaux francophones et germanophone (OBFG), autorise la communication professionnelle sous réserve qu'elle soit "digne, loyale, objective et conforme à l'intérêt du public". Les avocats belges peuvent utiliser internet, les réseaux sociaux, et participer à des événements publics pour se faire connaître. Comme en France, le démarchage actif reste interdit, mais la participation à des appels d'offres est tolérée.

[160] Proposition de loi 2025, art. 63, point 7 : interdiction de principe de la publicité sauf 'ce qui est strictement nécessaire pour l'information du public'.

- L'appel d'offres soit public ou officiellement communiqué à un nombre limité de cabinets sélectionnés selon des critères objectifs.
- L'avocat ne procède à aucune sollicitation active préalable ou ultérieure du client.
- La réponse à l'appel d'offres respecte les principes de transparence, de véracité et de respect du secret professionnel[161].

Cette clarification permettrait aux cabinets congolais de saisir les opportunités économiques offertes par le marché, sans compromettre l'intégrité déontologique de la profession[162]. L'émergence de *Legaltechs* africaines et la digitalisation croissante poussent les barreaux africains à repenser leurs règles déontologiques pour ne pas marginaliser leurs membres face à des acteurs internationaux plus agiles.

La proposition de loi 2025, si elle est adoptée en l'état, laissera subsister une ambiguïté préjudiciable. La formule *"sauf ce qui est strictement nécessaire pour l'information du public"* est trop vague et sujette à des interprétations divergentes. Il est recommandé que le Conseil National de l'Ordre, en vertu de son pouvoir réglementaire (article 109 de la proposition), adopte rapidement un règlement détaillé sur la publicité et la communication des avocats. Ce règlement devrait préciser :
- *Les formes de communication autorisées (site web, réseaux sociaux professionnels, annuaires, publications, conférences, etc.).*
- *Les contenus autorisés (informations factuelles sur le cabinet, les compétences, les domaines d'intervention, les coordonnées) et les contenus prohibés (garanties de* résultat, comparaisons dénigrant les confrères, témoignages clients non vérifiés, etc.).
- Les modalités de contrôle déontologique (vérification *a priori* ou *a posteriori* des communications, sanctions en cas de violation).
- Le statut de la participation aux appels d'offres (clarification explicite de sa licéité).

Toutefois, un assouplissement des règles ne doit pas ouvrir la porte à des abus. Le Conseil de l'Ordre de chaque barreau et le Conseil National de

---

[161] Les principes déontologiques s'appliquent avec la même rigueur dans l'espace numérique que dans le monde physique.

[162] Les instances professionnelles internationales ont adopté des positions nuancées[162]. L'Union Internationale des Avocats (UIA), dans sa Charte des principes essentiels de l'avocat, reconnaît que la communication professionnelle est légitime à condition qu'elle respecte l'indépendance, la dignité et l'intégrité de la profession. L'International Bar Association (IBA) encourage les barreaux nationaux à adopter des règles qui permettent aux avocats de s'adapter aux réalités économiques modernes, tout en protégeant le public contre les pratiques trompeuses.

l'Ordre doivent mettre en place une *veille déontologique* sur les pratiques publicitaires des avocats. Cela peut passer par :

- La création d'une commission spécialisée chargée de surveiller les communications des avocats (sites web, publications sur les réseaux sociaux, etc.).
- La mise en place d'un système de signalement permettant aux confrères ou au public de signaler des pratiques publicitaires abusives.
- L'adoption de sanctions graduées (avertissement, réprimande, suspension temporaire du droit de communiquer, voire sanctions disciplinaires plus lourdes en cas de récidive ou de faute grave).

Enfin, il est essentiel que les règles déontologiques n'entravent pas la compétitivité des cabinets d'avocats congolais face à leurs concurrents étrangers. Dans un contexte de mondialisation et de libéralisation du marché des services juridiques, les avocats congolais doivent pouvoir se présenter de manière professionnelle et attractive auprès des entreprises nationales et internationales. Cela passe par :

- La reconnaissance explicite de la licéité de la participation aux appels d'offres.
- L'encouragement à la création de cabinets structurés et visibles (sites web de qualité, plaquettes professionnelles, présence dans les annuaires internationaux).
- La promotion de l'excellence congolaise (mise en avant des compétences et des succès des avocats congolais dans les concours internationaux, les publications académiques, ect).

En conclusion, sur l'axe de la publicité et de la communication, la proposition de loi 2025 constitue une avancée timide mais réelle par rapport à 1979. En autorisant implicitement une communication informative "strictement nécessaire pour l'information du public", le texte ouvre la voie à une modernisation progressive de la profession. Toutefois, l'absence de précisions détaillées et le silence sur des questions cruciales (appels d'offres, communication numérique) créent une insécurité juridique préjudiciable. Pour transformer cette ébauche en véritable modernisation, il faudra du courage réglementaire, une volonté de formation et une confiance dans la capacité des avocats congolais à communiquer de manière digne et professionnelle[163].

---

[163] La modernisation doit servir un objectif supérieur : garantir un accès plus large et plus équitable à la justice.

AXE 5 : L'ORGANISATION DE LA PROFESSION, UNE REFONDATION DEMOCRATIQUE AMBITIEUSE

L'organisation interne d'une profession autorégulée conditionne son efficacité, son intégrité et sa légitimité aux yeux du public et des pouvoirs publics. Une gouvernance démocratique, transparente et renouvelée est le gage d'une profession dynamique, capable de s'adapter aux défis contemporains tout en préservant ses valeurs fondamentales. À l'inverse, une gouvernance opaque, concentrée entre les mains de quelques dirigeants inamovibles, génère corporatisme, clientélisme et sclérose. Sur cet axe de l'organisation professionnelle, la proposition de loi 2025 se distingue par des innovations majeures et courageuses qui le placent à l'avant-garde des réformes des barreaux en Afrique francophone.

A. La structure de la profession : clarification d'une architecture à deux niveaux

1. *L'Ordre National des Avocats : organe faîtier et unificateur*

La proposition de loi 2025 consacre et renforce *l'Ordre National des Avocats (ONA)*, créé en 1979, comme l'organe faîtier de la profession. L'article 96 définit l'ONA comme *"une association jouissant de la personnalité juridique, dont l'objet est l'étude en commun de toutes les questions susceptibles d'intéresser la profession d'avocat et d'assurer la défense des intérêts généraux des Ordres des avocats, l'expression de leur solidarité et la formation de leurs membres"*. Cette définition souligne trois missions essentielles :

- *La mission de représentation* : L'ONA représente la profession d'avocat "sur le plan tant national qu'international" (article 97). Il est l'interlocuteur privilégié du Gouvernement, des institutions judiciaires, des organisations internationales et des barreaux étrangers.
- *La mission de réglementation* : L'ONA assure "l'unification des règles et usages de la profession d'avocat et la prise des décisions à caractère normatif" (article 97). Il adopte des règlements qui s'imposent à tous les avocats, quel que soit leur barreau d'appartenance (article 114), garantissant ainsi une cohérence déontologique et procédurale sur l'ensemble du territoire national.
- *La mission de formation* : L'ONA coordonne et organise la formation initiale et continue des avocats (articles 98, 110, 111). Il harmonise les programmes de formation professionnelle des différents barreaux, fixe

les conditions d'obtention du certificat d'aptitude professionnelle et recherche des financements auprès de partenaires publics et privés.

La proposition de loi innove en précisant que l'ONA *"respecte l'autonomie et l'indépendance des barreaux"* (article 96, alinéa 2). Cette garantie vise à prévenir tout centralisme excessif qui pourrait étouffer les initiatives locales et à préserver l'équilibre entre unité nationale et diversité territoriale.

2. Les barreaux locaux : implantation territoriale et gestion de proximité

La proposition de loi maintient l'organisation territoriale des barreaux en les établissant "près les Cours d'Appel, la Cour de Cassation et du Conseil d'État" (article 73). Cette répartition territoriale, calquée sur la géographie judiciaire, permet une proximité entre les avocats et les juridictions qu'ils assistent, facilitant ainsi l'exercice quotidien de la profession.

Chaque barreau jouit de la personnalité juridique (article 73, alinéa 2), ce qui lui confère une autonomie de gestion, un patrimoine propre, et la capacité d'ester en justice. Les barreaux locaux ont des missions complémentaires à celles de l'ONA :

- *Inscription au tableau* : Le Conseil de l'Ordre de chaque barreau est "maître de la liste" (article 14), c'est-à-dire qu'il décide souverainement de l'admission des avocats stagiaires et de l'inscription au tableau des avocats, sous réserve de recours devant le Conseil National de l'Ordre.
- *Discipline en première instance* : Les Commissions de discipline des barreaux locaux statuent en première instance sur les fautes déontologiques commises par les avocats (article 82), l'appel étant porté devant la Commission Nationale de Discipline de l'ONA (article 117).
- *Gestion locale* : Les barreaux locaux gèrent leurs finances, organisent des formations locales, créent des services de consultation gratuite pour les indigents, et assurent l'entraide entre avocats du même ressort (article 79).

3. Articulation entre les deux niveaux : complémentarité et mécanismes de coordination

La proposition de loi 2025 organise une articulation fluide entre les deux niveaux de la profession. L'ONA fixe les grandes orientations stratégiques et les règles communes, tandis que les barreaux locaux les mettent en œuvre et les adaptent aux spécificités locales. Plusieurs mécanismes assurent la coordination :

- *Participation des barreaux locaux à la gouvernance nationale* : L'Assemblée Générale de l'ONA est composée de tous les bâtonniers et membres des Conseils de l'Ordre des barreaux locaux (article 101), garantissant ainsi que les décisions nationales reflètent la diversité des préoccupations locales.
- *Représentation au Conseil National de l'Ordre* : Chaque barreau local élit un représentant au Conseil National de l'Ordre (article 105), assurant ainsi une représentation équitable de tous les barreaux dans l'organe exécutif national.
- *Recours hiérarchiques* : Les décisions des barreaux locaux (en matière d'inscription, de discipline, d'élections) peuvent être déférées devant les instances nationales (Conseil National de l'Ordre, Commission Nationale de Discipline) ou devant le Conseil d'État (articles 92, 99).

Cette architecture à deux niveaux équilibre *unité* (garantie par l'ONA) et *diversité* (préservée par l'autonomie des barreaux locaux), un équilibre essentiel dans un pays aussi vaste et diversifié que la RDC.

B. Les organes de l'Ordre National : une gouvernance démocratique renforcée

1. L'Assemblée Générale, l'organe suprême

L'Assemblée Générale de l'ONA est qualifiée d'*"organe suprême"* (article 101). Elle se réunit au moins une fois par an et délibère sur "toutes les questions d'intérêt commun" (article 103). Sa composition est large et représentative : tous les bâtonniers et tous les membres des Conseils de l'Ordre des barreaux locaux en sont membres. Cette composition garantit que les décisions stratégiques de la profession sont prises collectivement, par un organe représentatif de l'ensemble du barreau national, et non par une élite restreinte.

Les décisions de l'Assemblée Générale ordinaire sont prises à la *majorité simple*, tandis que les décisions extraordinaires (modifications du règlement intérieur, par exemple) requièrent une *majorité des deux tiers* (article 103). Cette exigence de majorité qualifiée pour les décisions importantes est une garantie démocratique qui évite qu'une majorité conjoncturelle n'impose des changements structurels contre l'avis d'une forte minorité. La proposition de loi innove en prévoyant que le Ministre de la Justice peut faire des communications à l'Assemblée Générale (article 104). *Cette disposition, inhabituelle dans les professions libérales, vise à favoriser le dialogue entre la profession et les pouvoirs publics, tout en préservant l'indépendance du barreau (le Ministre communique, il ne décide pas).*

2. Le Conseil National de l'Ordre : l'organe exécutif

Le Conseil National de l'Ordre (CNO) est *l'organe exécutif* de l'ONA (article 105). Sa composition reflète le principe d'une représentation équitable de tous les barreaux : chaque barreau (près Cour d'appel, près Cour de cassation et Conseil d'État) élit un représentant au CNO pour un mandat de *deux ans non renouvelable* (article 105). Cette limitation stricte du mandat est une innovation démocratique majeure, destinée à garantir un renouvellement régulier des dirigeants et à prévenir la concentration durable du pouvoir entre les mêmes mains.

Le CNO dispose de pouvoirs étendus :

- *Pouvoir réglementaire* : Il "détermine et unifie les règles et usages de la profession d'avocat" et "arrête à cette fin tous les règlements qu'il estime convenables" (article 109). Ces règlements sont obligatoires pour tous les avocats (article 114) et constituent le *droit "souple"* de la profession, complétant la loi.
- *Pouvoir de surveillance :* Il "surveille le respect des règles de la déontologie par tous les avocats" et peut "enjoindre aux organes disciplinaires de se saisir de tout fait dont il a connaissance" ou, en cas de défaillance, "évoquer les causes devant lui, même d'office" (article 109). Ce pouvoir de surveillance garantit une application uniforme de la déontologie sur tout le territoire.
- *Gestion des crises locales* : En cas de paralysie d'un barreau local par une crise interne, le CNO peut intervenir, tenter une conciliation et, en cas d'échec, convoquer une Assemblée Générale extraordinaire pour renouveler les organes du barreau (article 115). Cette disposition salutaire évite que des conflits internes ne bloquent durablement le fonctionnement d'un barreau et ne nuisent aux justiciables.
- *Gestion de la formation continue* : Le CNO organise la formation permanente des avocats (article 110), garantissant ainsi que les praticiens maintiennent leurs compétences à jour face aux évolutions législatives, jurisprudentielles et technologiques.

3. Le Bâtonnier National : chef de l'Ordre et représentant de la profession

Le Bâtonnier National est élu par l'Assemblée Générale de l'ONA pour un mandat de ***deux ans renouvelable une seule fois*** (article 118). Il est automatiquement Bâtonnier du barreau près la Cour de Cassation et du Conseil d'État (article 118, alinéa 3). Cette double casquette lui confère une légitimité renforcée et une connaissance directe des enjeux tant nationaux que locaux.

Le Bâtonnier National représente l'ONA dans toutes les circonstances officielles (relations avec le Gouvernement, les juridictions suprêmes, les organisations internationales, les barreaux étrangers). Il préside l'Assemblée Générale et convoque les réunions du Conseil National de l'Ordre (articles 102, 103). *Sa limitation de mandat (deux mandats maximum) est une garantie démocratique essentielle.*

4. La Conférence des Bâtonniers : organe consultatif

La proposition de loi 2025 crée une *Conférence des Bâtonniers*, organe consultatif réunissant tous les bâtonniers en exercice et d'anciens bâtonniers (article 120). Cette instance donne des avis à sa propre initiative ou à la demande du Conseil National de l'Ordre (article 119). La Conférence des Bâtonniers joue un rôle de réflexion stratégique et de partage d'expériences entre les dirigeants des différents barreaux, favorisant ainsi une culture de coopération et d'échange de bonnes pratiques.

C. Les organes des barreaux locaux : une démocratie de proximité

1. L'Assemblée Générale du barreau : souveraineté des membres

Chaque barreau local dispose d'une *Assemblée Générale* comprenant tous les avocats inscrits au tableau et sur la liste de stage (article 75). L'Assemblée Générale se réunit au moins deux fois par an (sessions d'avril et d'octobre), la session d'avril étant consacrée à la reddition des comptes et à l'élaboration du budget, et la session d'octobre aux élections du Bâtonnier et des membres du Conseil de l'Ordre (article 76).

Cette organisation garantit une *transparence financière* (les comptes sont présentés et approuvés chaque année par l'ensemble des membres) et une *légitimité démocratique* (les dirigeants sont élus directement par l'ensemble des avocats). L'interdiction du vote par procuration (article 77) renforce l'exigence de participation personnelle et de délibération collective.

2. Le Conseil de l'Ordre du barreau : organe de gestion

Le Conseil de l'Ordre local est l'organe de gestion du barreau. Sa taille varie selon le nombre d'avocats inscrits au tableau, allant de 6 membres (pour les barreaux de moins de 100 avocats) à 21 membres (pour les barreaux de plus de 2 000 avocats) (article 78). Cette modulation garantit une représentativité proportionnelle à la taille du barreau.

Les membres du Conseil de l'Ordre sont élus pour un mandat de *deux ans* au scrutin secret (article 80). Le Conseil est *renouvelable par tiers chaque année*, ce qui garantit à la fois stabilité (deux tiers des membres conservent leur mandat) et renouvellement (un tiers des membres change chaque année). Cette formule, inspirée des meilleures pratiques de gouvernance, évite les ruptures brutales tout en favorisant l'émergence de nouveaux leaders.

Le Conseil de l'Ordre dispose de pouvoirs étendus (article 79) : gestion du tableau, discipline en première instance, réglementation locale, gestion financière, organisation de la formation des stagiaires, création de services de consultation gratuite, etc. Il se réunit au moins une fois par mois (article 81).

3. Le Bâtonnier : chef du barreau local

Le Bâtonnier du barreau local est élu par l'Assemblée Générale au scrutin secret et à la majorité absolue (article 84). Son mandat est de *deux ans renouvelable une seule fois* (article 86). Cette limitation stricte est l'une des innovations les plus significatives du projet de loi 2025.

Le Bâtonnier représente le barreau, veille à la discipline de tous les avocats, concilie les différends et assure le bon fonctionnement du Conseil de l'Ordre (article 87). Il est l'interlocuteur des autorités judiciaires (Cour d'appel, Procureur général) et administratives locales. En cas d'absence ou d'empêchement, il est remplacé par le membre du Conseil de l'Ordre le plus ancien au tableau (article 88).

4. La Commission de Discipline : organe spécialisé

Comme analysé dans l'Axe 2 de cette étude, la proposition de loi 2025 crée une *Commission de Discipline* au sein de chaque Conseil de l'Ordre (article

82). Cette commission, composée d'anciens bâtonniers, de membres et d'anciens membres du Conseil de l'Ordre, ainsi que d'avocats de notoriété avérée, est chargée de connaître des fautes déontologiques en première instance. La séparation institutionnelle entre la Commission de Discipline et le Conseil de l'Ordre garantit une plus grande impartialité du processus disciplinaire.

D. Les modalités électorales : garantir la démocratie et prévenir les abus

1. Principes électoraux fondamentaux

La proposition de loi 2025 consacre des principes électoraux démocratiques essentiels :

- *Suffrage universel direct* : Tous les avocats inscrits au tableau votent pour élire le Bâtonnier et les membres du Conseil de l'Ordre (articles 75, 80, 84). Les avocats stagiaires peuvent assister aux Assemblées Générales sans voix délibérative (article 77).
- *Scrutin secret* : Les élections se déroulent au scrutin secret, garantissant ainsi la liberté de vote et évitant les pressions (articles 80, 84).
- *Majorité absolue au premier tour, relative au second tour* : Pour l'élection du Bâtonnier, la majorité absolue est requise au premier tour ; en cas de ballottage, un second tour oppose les deux candidats ayant obtenu le plus de voix au premier tour (article 84). En cas d'égalité au second tour, c'est le candidat le plus ancien au tableau qui l'emporte, principe de départage basé sur l'ancienneté et l'expérience.
- *Transparence et contrôle* : Les procès-verbaux d'élection sont communiqués au Procureur général et au Conseil National de l'Ordre (article 93). Toute élection peut être déférée devant le Conseil National de l'Ordre ou devant le Conseil d'État en cas d'irrégularité (article 92).

2. Conditions d'éligibilité : expérience et honorabilité

La proposition de loi fixe des conditions d'éligibilité visant à garantir que les dirigeants ordinaux possèdent l'expérience et l'honorabilité nécessaires :

- *Pour les membres du Conseil de l'Ordre* : Être inscrit au tableau depuis au moins *cinq ans* (article 80, alinéa 2). Cette exigence garantit que les membres du Conseil ont une connaissance approfondie de la profession et de ses enjeux.

- *Pour le Bâtonnier* : Être inscrit au tableau depuis au moins *quinze ans* et être un ancien membre du Conseil de l'Ordre (article 86). Cette double exigence (ancienneté et expérience de gestion ordinale) garantit que le Bâtonnier possède la maturité, l'autorité morale et la connaissance institutionnelle nécessaires pour diriger le barreau.
- *Honorabilité* : Les avocats ayant subi une sanction disciplinaire ne peuvent faire partie de la Commission de Discipline (article 82, alinéa 4). Cette exigence morale garantit que les juges disciplinaires sont eux-mêmes irréprochables.

3. Durée des mandats et limitation du renouvellement : briser les féodalités

L'innovation la plus significative de la proposition de loi 2025 en matière de gouvernance est la *limitation stricte de la durée des mandats* :

- *Bâtonnier local :* Deux ans, renouvelable *une seule fois* (article 86). Durée maximale : *quatre ans.*
- *Membres du Conseil de l'Ordre local* : Deux ans, *non immédiatement renouvelable* (article 80). Cela signifie qu'un membre sortant ne peut être réélu qu'après une interruption d'au moins un mandat.
- *Bâtonnier National* : Deux ans, renouvelable *une seule fois* (article 118). Durée maximale : *quatre ans.*
- *Membres du Conseil National de l'Ordre* : Deux ans, *non renouvelable* (article 105).

Ces limitations visent à *briser les logiques de pouvoir installées et à garantir un renouvellement démocratique*. Elles répondent à une critique récurrente dans de nombreux barreaux africains et congolais : la concentration durable du pouvoir entre les mains de quelques "barons" du barreau, qui se succèdent ou s'alternent aux postes de direction pendant des décennies, créant des logiques clientélistes, bloquant l'émergence de nouveaux leaders et sclérosant la profession.

C'est sur cet axe que la proposition de loi brille le plus. L'innovation majeure est la *limitation stricte des mandats : le mandat de bâtonnier est de deux ans renouvelable une seule fois* (article 86), *et celui des membres du Conseil de l'Ordre est de deux ans non immédiatement renouvelable* (article 80)[164]. Cette mesure vise à briser les logiques de pouvoir installées et à garantir un renouvellement démocratique[165]. Depuis plusieurs années, une pratique s'est installée ; certains membres du Conseil de l'Ordre cherchent à

---

[164] Proposition de loi 2025, art. 80 et 86.
[165] La limitation des mandats vise à prévenir les dérives autoritaires et clientélistes observées sous l'empire de la loi de 1979.

« toujours revenir ». Être élu est certes une marque de confiance, mais aussi une charge lourde qui exige passion et abnégation. Pourtant, au-delà du service rendu, la répétition des candidatures finit par donner l'impression que certains sièges deviennent des charges à vie. *La profession d'avocat est dite initiatique,* elle repose sur un parcours où l'on apprend par étapes, en se confrontant aux responsabilités et aux devoirs collectifs. Dans cet esprit, il est essentiel que *tous les avocats puissent être initiés à la gestion de l'Ordre*, et non seulement une poignée de confrères qui reviennent sans cesse.

Le Conseil de l'Ordre doit être une école de gouvernance, un lieu où l'on transmet l'expérience et où chacun peut, au moins une fois, exercer un mandat. Refuser cette ouverture, c'est priver la profession de son caractère initiatique et réduire l'apprentissage collectif à une élite restreinte. Reconnaissons les sacrifices de ceux qui ont déjà servi. Mais *servir ne doit pas se confondre avec s'installer.* La recherche systématique de réélection interroge : est-ce encore la passion de servir ou bien l'intérêt de se maintenir ? Cette pratique, à force de se répéter, étouffe la respiration démocratique et empêche l'initiation de nouveaux membres à la gestion ordinale. La réforme est donc la bienvenue et s'inscrit dans ce qui est affectueusement appelé d'« *Arrêt YAV* » au barreau du Haut-Katanga.

4. Mécanismes de recours : prévenir les fraudes électorales

La proposition de loi prévoit des mécanismes de recours pour garantir la régularité des élections :

- *Recours devant le Conseil National de l'Ordre* : Tout avocat ou le Procureur général peut déférer une élection devant le Conseil National de l'Ordre dans un délai de trois mois (article 92). Le Conseil peut annuler l'élection d'un candidat ne remplissant pas les conditions requises et ordonner une nouvelle élection (article 92, alinéas 2 et 3).
- *Recours devant le Conseil d'État* : En dernier ressort, les décisions du Conseil National de l'Ordre peuvent faire l'objet d'un recours en annulation devant le Conseil d'État (article 99).

Ces recours garantissent que les élections se déroulent dans le respect des règles et que les irrégularités sont sanctionnées.

E. Transparence financière et contrôle comptable : une innovation majeure

1. La Commission de Contrôle Comptable : un organe indépendant

La proposition de loi 2025 crée une *Commission de Contrôle Comptable* indépendante au sein de chaque barreau (articles 164-168). Cette commission est composée de *cinq avocats inscrits au tableau*, dont trois élus par l'Assemblée Générale et deux désignés d'office (les meilleurs perdants ou les suivants lors de l'élection du Bâtonnier) (article 164). Cette composition mixte (élection + désignation d'office) garantit à la fois la légitimité démocratique de la commission et l'inclusion de personnalités n'appartenant pas à la majorité ordinale, favorisant ainsi une véritable indépendance.

Le mandat de la Commission est de *deux ans non immédiatement renouvelable* (article 164, alinéa 2), garantissant un renouvellement régulier et évitant la constitution d'une commission de contrôle captive des intérêts qu'elle est censée surveiller.

2. Pouvoirs étendus de la Commission

La Commission de Contrôle Comptable dispose de pouvoirs étendus pour accomplir sa mission (article 166) :

- *Droit d'auditionner* toutes les personnes ayant traité avec le Conseil de l'Ordre (fournisseurs, prestataires, banques, etc.).
- *Recours à des experts* : La Commission peut faire appel à des experts-comptables et à des fiscalistes pour l'assister dans ses travaux (article 166, alinéas 2 et 3).
- *Accès illimité* : Le Bâtonnier, les membres du Conseil de l'Ordre et les services administratifs sont tenus de collaborer avec la Commission et de lui fournir tous les documents demandés (article 165).

3. Audit de gestion et communication des conclusions

L'Assemblée Générale peut décider qu'un *audit de gestion* soit réalisé par un cabinet d'audit externe (article 167, alinéa 1). De plus, un dixième des avocats inscrits au tableau peut exiger un audit de gestion tous les six mois (article 167, alinéa 2). Cette disposition démocratique permet aux membres minoritaires de surveiller la gestion des dirigeants et de prévenir les abus. Les conclusions de l'audit sont communiquées au Conseil de l'Ordre, au

Procureur général, et au Conseil National de l'Ordre (article 168). Cette transparence garantit que les dysfonctionnements éventuels seront connus et sanctionnés.

4. Une avancée majeure contre la corruption et la mauvaise gestion

La création d'une Commission de Contrôle Comptable indépendante et la possibilité d'audits de gestion réguliers constituent une avancée majeure dans la lutte contre la corruption et la mauvaise gestion des ressources ordinales. Dans de nombreux barreaux, les finances sont opaques, les comptes ne sont jamais vérifiés, et les cotisations des avocats sont utilisées à des fins non professionnelles. La proposition de loi 2025 met fin à cette situation en instaurant une transparence financière obligatoire et en donnant aux membres les moyens de contrôler leurs dirigeants.

G. Défis et recommandations pour une refondation démocratique réussie

1. Garantir une culture démocratique : au-delà des textes

La réussite de la refondation démocratique ne dépend pas seulement des textes législatifs, aussi bien conçus soient-ils, mais aussi de la culture démocratique des acteurs. Dans de nombreux contextes, des règles démocratiques excellentes sur le papier sont contournées ou neutralisées par des pratiques informelles (alliances, pressions, manipulations). Il est donc essentiel que les avocats congolais s'approprient véritablement l'esprit de ces réformes et résistent aux tentations autoritaires ou clientélistes. Pour ce faire, il est recommandé d'organiser des formations à la gouvernance démocratique pour les candidats aux fonctions ordinales (Bâtonnier, membres du Conseil de l'Ordre) ; promouvoir une culture de transparence par la publication systématique des comptes, des décisions importantes, des règlements adoptés et ; encourager la participation de tous les avocats aux Assemblées Générales et aux débats ordinaux.

2. Éviter les dérives : vigilance contre le contournement des règles

La limitation des mandats pourrait être contournée par des stratégies d'alternance entre alliés *(le Bâtonnier sortant fait élire un proche, puis se fait réélire après un intermède)*. De même, le renouvellement par tiers du Conseil de l'Ordre pourrait être manipulé par des tirages au sort truqués ou des démissions concertées.

Il sied donc de surveiller les pratiques électorales et sanctionner sévèrement toute fraude ou manipulation ; créer des organes de surveillance électorale indépendants (commissions électorales comprenant des personnalités extérieures au Conseil de l'Ordre en exercice) ; encourager une éthique de l'alternance : les anciens dirigeants doivent accepter de laisser la place et de ne pas instrumentaliser leurs successeurs.

En conclusion, sur l'axe de l'organisation de la profession, la proposition de loi 2025 constitue une *avancée majeure, incontestable et exemplaire*. La limitation stricte des mandats, la création d'une Commission de Contrôle Comptable indépendante, le renouvellement par tiers du Conseil de l'Ordre, la transparence financière obligatoire, et l'architecture institutionnelle équilibrée entre Ordre National et barreaux locaux constituent un ensemble cohérent et ambitieux qui place la RDC à l'avant-garde des réformes démocratiques des barreaux en Afrique et dans le monde francophone.

III. AUTRES INNOVATIONS SOCIALES ET ÉCONOMIQUES MAJEURES DE LA PROPOSITION DE 2025

Au-delà des cinq axes analysés supra, la proposition de loi 2025 introduit une série d'innovations qui, prises ensemble, témoignent d'une volonté de transformer en profondeur le cadre social et économique de la profession d'avocat en RDC. *Ces dispositions, pour la plupart absentes ou embryonnaires dans la loi de 1979, constituent des avancées sociales et professionnelles révolutionnaires qui placent potentiellement la RDC à l'avant-garde des réformes du Barreau en Afrique francophone.* Toutefois, comme nous le verrons, ces innovations ambitieuses soulèvent également des défis majeurs de mise en œuvre qui conditionnent leur effectivité.

A. L'AIDE JUDICIAIRE FINANCÉE PAR L'ÉTAT : UNE RÉVOLUTION POUR L'ACCÈS À LA JUSTICE

1. Le contenu de l'innovation et la rupture avec le passé

L'une des innovations les plus spectaculaires de la proposition de loi 2025 est *l'instauration d'une aide judiciaire financée par l'État.* L'article 4 de la proposition de loi marque une rupture fondamentale avec le passé. Alors que l'Ordonnance-loi de 1979 laissait la défense des indigents à la seule conscience morale de l'avocat, sans aucune contrepartie financière, le nouveau texte fait de l'aide judiciaire une obligation pour l'État. *Il prévoit explicitement « la prise en charge des frais et honoraires d'avocats » sur la base d'un barème fixé d'un commun accord entre le Ministre de la Justice et le Conseil national de l'ordre*[166].

Cette disposition, *si elle est effectivement budgétisée et mise en œuvre, pourrait transformer radicalement l'accès à la justice pour les plus démunis et assurer une juste rémunération aux avocats commis d'office.* Elle consacre le principe selon lequel l'accès à la justice, droit fondamental

---

[166] Proposition de loi sur le Barreau 2025, article 4, République Démocratique du Congo.

garanti par la Constitution de 2006[167], **ne peut reposer uniquement sur le bénévolat des avocats, mais doit être assumé par la puissance publique comme une obligation régalienne.**

2. Comparaisons avec des modèles éprouvés

a) Le système français d'aide juridictionnelle

La France dispose d'un système d'aide juridictionnelle structuré et financé par l'État depuis la loi n° 91-647 du 10 juillet 1991[168]. Ce système, réformé en 2020, repose sur plusieurs principes fondamentaux. *L'aide juridictionnelle est accordée en fonction des ressources du demandeur, mesurées par le revenu fiscal de référence (RFR).* Pour 2024, une personne seule peut bénéficier de l'aide totale si son RFR est inférieur ou égal à 12 862 €, et d'une aide partielle (55% ou 25%) pour des RFR allant jusqu'à 19 290 €[169]. Des seuils patrimoniaux s'appliquent également (38 580 € pour les biens immobiliers hors résidence principale pour une personne seule)[170]. Le budget alloué à l'aide juridictionnelle pour 2024 s'élève à 657 millions d'euros[171], ce qui représente un investissement substantiel de l'État dans l'accès à la justice. **Ce budget couvre la rémunération des avocats et autres auxiliaires de justice.** *Les avocats sont rémunérés selon un système d'« unités de valeur » (UV), dont le coût est fixé annuellement par la loi de finances[172].*

Le nombre d'UV attribuées varie selon la nature et la complexité de la procédure. Une réforme de 2024 a revalorisé la rémunération des avocats dans les modes alternatifs de règlement des différends (médiation, procédure participative) pour encourager les règlements amiables[173]. Selon les statistiques d'utilisation, en 2024, le nombre estimé d'admissions à l'aide

---

[167] Constitution de la RDC du 18 février 2006, article 19 : « Toute personne a droit à un recours effectif devant les juridictions nationales compétentes contre les actes violant les droits fondamentaux que lui reconnaissent la Constitution et la loi. »

[168] Loi n° 91-647 du 10 juillet 1991 relative à l'aide juridique, France. Réformée par la loi n° 2020-1721 du 29 décembre 2020.

[169] Ministère de la Justice, France, « Aide juridictionnelle : quels sont les nouveaux barèmes ? », 2024. Disponible sur : https://www.justice.gouv.fr/

[170] Ibid.

[171] Projet de loi de finances 2024, Programme 101 « Accès au droit et à la justice », Action 01 « Aide juridictionnelle », France.

[172] En 2014, une UV valait 22,84 € HT pour l'aide totale ; Barreau de Paris, « Aide juridictionnelle : barème des unités de valeur », 2014.

[173] Décret n° 2023-1397 du 28 décembre 2023 portant revalorisation de la rétribution de l'aide juridictionnelle dans le cadre des modes alternatifs de règlement des différends, France.

juridictionnelle est de 1 219 000[174], témoignant d'une utilisation massive du dispositif et de son importance pour l'accès effectif à la justice.

b) Le système belge d'aide juridique (pro deo)

La Belgique, elle, dispose d'un système d'aide juridique de deuxième ligne, communément appelé *« pro deo »*, qui permet aux personnes disposant de ressources insuffisantes de bénéficier des services d'un avocat désigné[175]. Pour 2025, une personne seule peut bénéficier de la gratuité totale si son revenu net mensuel est inférieur à 1 582 € (avec une déduction de 355,21 € par personne à charge), et d'une gratuité partielle pour des revenus allant jusqu'à 1 884 €[176]. Dans ce dernier cas, une « provision » (ticket modérateur) de 25 à 125 € peut être demandée[177]. *Le système belge repose sur un financement mixte, avec une contribution de l'État et une participation des barreaux. Les avocats participant au système pro deo sont rémunérés par l'État selon un système de points, et non directement par le bénéficiaire[178].* Les demandes sont traitées par les Bureaux d'Aide Juridique (BAJ) présents dans chaque arrondissement judiciaire. Le BAJ désigne un avocat pour assister le bénéficiaire, et celui-ci peut demander un avocat spécifique s'il participe au système[179].

c) Les expériences en Afrique francophone

En Afrique francophone, les systèmes d'aide judiciaire sont généralement moins développés et souffrent de sous-financement chronique ; Au Sénégal, la loi n° 84-19 du 2 février 1984 a instauré un système d'aide juridictionnelle, mais son application reste limitée en raison de contraintes budgétaires. Le principe de gratuité de la justice ne correspond pas toujours à la réalité, et une grande partie de la population n'a pas les moyens de couvrir les frais juridiques, d'autant que le salaire minimum (SMIG) ne dépasse pas 40 000 francs CFA par mois[180]. Des initiatives locales, comme les « Boutiques de Droit » de l'Association des Juristes Sénégalaises (AJS),

---

[174] Projet de loi de finances 2024, Programme 101, op. cit.
[175] Loi du 23 novembre 1998 relative à l'aide juridique, Belgique. Modifiée par la loi du 15 mai 2007.
[176] Barreau de Charleroi, « Aide juridique de deuxième ligne », 2025. Disponible sur : https://www.barreaudecharleroi.be/
[177] Ibid.
[178] Justice.belgium.be, « Aide juridique de deuxième ligne : nouvelles règles », 2025.
[179] Barreau de Mons, « Je souhaite bénéficier de l'aide juridique (pro deo) », 2025.
[180] DIOP, Moustapha, « L'accès à la justice au Sénégal : obstacles et stratégies », *Afrique contemporaine*, 2014/2, n° 250, pp. 82-95.

tentent de pallier ces lacunes en offrant une assistance juridique de proximité[181]. En Côte d'Ivoire, un mécanisme d'assistance judiciaire existe pour permettre aux personnes et associations privées dépourvues de ressources suffisantes de faire valoir leurs droits en justice sans frais. Les demandes sont adressées au Président du bureau central d'assistance judiciaire au sein du Ministère de la Justice. En cas d'acceptation, le bénéficiaire est exempté de tous les frais, y compris les honoraires d'avocat[182]. Toutefois, l'effectivité de ce système reste incertaine. Ainsi, les pays d'Afrique francophone partagent des défis similaires : *budgets limités, nombre insuffisant d'avocats (surtout en zones rurales), manque de stratégies nationales cohérentes, et dépendance vis-à-vis des ONG et des parajuristes pour combler les lacunes[183]*.

d) Standards internationaux

Les Principes et Directives des Nations Unies sur l'accès à l'aide juridique dans le système de justice pénale, adoptés par l'Assemblée générale en 2012, *obligent les États membres à établir des systèmes d'aide juridique accessibles, efficaces, durables et crédibles[184]*. La Cour africaine des droits de l'homme et des peuples a également mis en place un système d'aide juridique en 2012 pour fournir une assistance juridique gratuite aux demandeurs indigents[185].

3. Enjeux et défis de mise en œuvre en RDC

a) Enjeux positifs considérables

Les expériences internationales analysées ci-dessus démontrent *qu'un système d'aide judiciaire financée par l'État est non seulement possible, mais qu'il constitue un standard dans les démocraties modernes.* **Pour la RDC, l'instauration d'une telle aide judiciaire présente des enjeux**

---

[181] Association des Juristes Sénégalaises (AJS), « Boutiques de Droit », Dakar, Sénégal.
[182] KOACI, « Côte d'Ivoire : voici comment bénéficier d'une assistance judiciaire », 27 avril 2019.
[183] UNODC, *Survey Report on Access to Legal Aid in Africa*, 2011. Disponible sur : https://www.unodc.org/
[184] Nations Unies, *Principes et Directives sur l'accès à l'aide juridique dans le système de justice pénale*, Résolution de l'Assemblée générale 67/187, 20 décembre 2012.
[185] Cour africaine des droits de l'homme et des peuples, *Legal Aid Scheme*, 2012 (révisé en 2016).

positifs majeurs. Dans un pays où une large partie de la population vit en dessous du seuil de pauvreté, *l'aide judiciaire financée constitue une condition sine qua non de l'accès effectif à la justice, droit fondamental garanti par la Constitution.* **Jusqu'à présent, les avocats assurant la défense des indigents le faisaient gratuitement, ce qui constituait une charge financière importante et décourageait souvent un engagement de qualité ; la rémunération par l'État permettrait de professionnaliser cette mission.** Cette disposition place également la RDC en conformité avec les principes des Nations Unies et les standards de la Cour africaine des droits de l'homme. Enfin, un système d'aide judiciaire effectif contribue à la crédibilité du système judiciaire et au renforcement de l'État de Droit.

b) Défis majeurs et risques de non-application

Toutefois, la mise en œuvre effective de cette innovation se heurte à des défis considérables :

- *Contrainte budgétaire* : Le défi le plus critique est la capacité de l'État congolais à financer effectivement ce système. Le budget du Ministère de la Justice est traditionnellement limité, et l'ajout d'une ligne budgétaire substantielle pour l'aide judiciaire nécessitera des arbitrages difficiles. L'expérience d'autres pays africains montre que de nombreuses dispositions législatives sur l'aide judiciaire restent lettre morte faute de budgétisation effective.
- *Définition du barème* : L'article 4 prévoit que le barème de rémunération sera fixé « d'un commun accord » entre le Ministre de la Justice et le Conseil national de l'ordre. Cette négociation pourrait s'avérer complexe, avec un risque de désaccord sur les montants, retardant la mise en œuvre du système.
- *Critères d'éligibilité* : La proposition de loi ne précise pas les critères d'éligibilité des bénéficiaires. *Qui pourra bénéficier de l'aide judiciaire ? Quels seront les seuils de ressources ?* Ces questions devront être tranchées par voie réglementaire.
- *Mécanismes de paiement* : La mise en place d'un système de paiement efficace, garantissant que les avocats soient effectivement rémunérés dans des délais raisonnables, constitue un défi administratif majeur. Les retards de paiement pourraient décourager les avocats de participer au système.
- *Risque de disposition non appliquée* : Le risque le plus sérieux est que cette disposition, aussi louable soit-elle, reste une promesse inscrite dans la loi mais jamais budgétisée ni appliquée, comme c'est

malheureusement le cas pour de nombreuses dispositions sociales dans les législations africaines.

4. Recommandations pour une mise en œuvre effective

Pour que cette innovation révolutionnaire ne reste pas lettre morte, plusieurs mesures s'imposent.

- Premièrement, dès l'adoption de la loi, une ligne budgétaire dédiée à l'aide judiciaire doit être créée dans le budget du Ministère de la Justice, avec un montant réaliste basé sur une estimation du nombre de bénéficiaires potentiels.
- Deuxièmement, un décret d'application devrait être adopté dans les six mois suivant la promulgation de la loi, fixant le barème de rémunération des avocats et les critères d'éligibilité des bénéficiaires.
- Troisièmement, il convient de mettre en place un mécanisme de paiement centralisé, avec des délais de paiement garantis (par exemple, 60 jours maximum après la fin de la mission).
- Quatrièmement, une approche progressive s'impose ; commencer par un système limité (par exemple, uniquement pour les affaires pénales graves) avant d'étendre progressivement à d'autres matières, afin de maîtriser les coûts et d'ajuster le système.
- Cinquièmement, il faudra prévoir une évaluation annuelle du dispositif (nombre de bénéficiaires, budget consommé, délais de paiement) pour ajuster le système et garantir sa pérennité. Enfin, des campagnes de sensibilisation devront être menées auprès des justiciables et des avocats pour faire connaître le dispositif et encourager son utilisation.

B. LA SÉCURITÉ SOCIALE POUR LES AVOCATS : UNE PROTECTION SOCIALE LONGTEMPS ATTENDUE

1. Le contenu de l'innovation, un système ambitieux

Si l'aide judiciaire financée par l'État constitue une avancée majeure pour l'accès à la justice, la proposition de loi 2025 ne s'arrête pas là. Dans une logique similaire de progrès social, elle pose également les bases d'une sécurité sociale pour les avocats. Les articles 169 à 172 mandatent le Conseil national de l'ordre pour créer, *dans un délai de trois ans, une mutuelle organisant la sécurité sociale de la profession*[186]. Le texte esquisse

---

[186] Proposition de loi sur le Barreau 2025, articles 169 à 172, République Démocratique du Congo

même les contours d'un système de pension de retraite, accessible après 30 ans d'exercice, avec des possibilités de retraite anticipée et une pension de réversion[187].

Cette innovation est capitale pour une profession libérale où les praticiens sont souvent démunis face aux aléas de la vie et à l'approche de la vieillesse. Contrairement aux salariés du secteur public ou privé qui bénéficient de régimes de sécurité sociale obligatoires, les avocats, en tant qu'indépendants, ne disposent généralement d'aucune protection sociale organisée en RDC. Cette protection sociale, longtemps attendue dans une profession libérale, représente une avancée considérable.

2. Comparaisons internationales : des modèles éprouvés mais coûteux

a) La France dispose d'un système de sécurité sociale pour les avocats particulièrement développé, géré par la Caisse Nationale des Barreaux Français (CNBF), créée en 1948[188]. La CNBF est un organisme autonome, administré par des avocats élus[189]. Elle ne reçoit aucun financement de l'État et fonctionne selon un système par répartition (les cotisations actuelles financent les pensions actuelles)[190]. Tous les avocats, qu'ils soient indépendants, salariés ou collaborateurs, sont obligatoirement affiliés à la CNBF, ainsi que les conjoints collaborateurs[191]. La CNBF gère quatre régimes obligatoires : *la retraite de base, la retraite complémentaire, l'invalidité-décès, et l'action sociale.* S'agissant des cotisations, elles sont obligatoires et comprennent plusieurs composantes[192]. La cotisation fixe annuelle varie selon l'ancienneté, s'établissant à 351 euros pour la première année et atteignant 1921 euros à partir de la sixième année en 2025. S'y ajoute une cotisation proportionnelle de 3,2% du revenu professionnel net, plafonnée à 297 549 euros en 2025, ainsi qu'une contribution équivalente aux droits de plaidoirie de 573 euros. Les cotisations pour la retraite complémentaire varient quant à elles selon le revenu et la classe de cotisation choisie.

---

[187] Ibid., article 171.
[188] Caisse Nationale des Barreaux Français (CNBF), « Histoire de la CNBF », disponible sur : https://www.cnbf.fr/
[189] Ibid.
[190] Barreau de Paris, « Le régime de la CNBF », 2024.
[191] CNBF, « Qui est affilié à la CNBF ? », 2024.
[192] MetLife France, « CNBF : cotisations 2025 », disponible sur : https://www.metlife.fr/

L'âge légal de départ à la retraite varie de 60 à 64 ans selon l'année de naissance, avec un âge de taux plein à 67 ans. Pour bénéficier d'une pension complète, il faut avoir cotisé entre 167 et 172 trimestres selon l'année de naissance. Le conjoint survivant peut percevoir 50% de la pension de base et 60% de la pension complémentaire, sous certaines conditions[193]. Malgré son ancienneté et sa solidité, la CNBF fait face à des défis démographiques (vieillissement de la profession, ratio actifs/retraités en évolution) qui nécessitent des ajustements réguliers des cotisations et des prestations[194].

b) En Belgique, les avocats, en tant que travailleurs indépendants, relèvent de l'Institut National d'Assurances Sociales pour Travailleurs Indépendants (INASTI)[195] qui est un organisme public créé en 1971 qui gère la sécurité sociale de tous les travailleurs indépendants, y compris les avocats. Il supervise les caisses d'assurances sociales auxquelles les indépendants doivent obligatoirement s'affilier. Ils doivent s'affilier à une caisse d'assurances sociales et à une mutuelle (assurance maladie) avant de commencer leur activité. Ils paient des cotisations sociales trimestrielles, calculées en pourcentage de leur revenu professionnel net imposable. Avec cela, les avocats bénéficient de plusieurs prestations : *la pension de retraite, l'assurance maladie-invalidité, les allocations familiales, le droit - passerelle en cas de faillite ou de difficultés économiques, ainsi que l'assurance maternité et paternité.* Les avocats exerçant à titre complémentaire (avec une autre activité principale) peuvent bénéficier de cotisations réduites si leur revenu est inférieur à un certain seuil (17 008,88 € en 2024).

c) En Afrique francophone, les systèmes de sécurité sociale pour les avocats sont rares et souvent inexistants. Le principal obstacle à la création de systèmes de sécurité sociale pour les avocats en Afrique est le nombre relativement faible d'avocats dans chaque pays, ce qui rend difficile la viabilité financière d'un système par répartition. De plus, les revenus souvent modestes de nombreux avocats limitent leur capacité contributive.

---

[193] CNBF, « La pension de réversion », 2024
[194] Barreau de Paris, « Le régime de la CNBF », op. cit.
[195] Institut National d'Assurances Sociales pour Travailleurs Indépendants (INASTI), Belgique. Disponible sur : https://www.inasti.be/

3. Enjeux et défis de mise en œuvre en RDC

a) Enjeux positifs majeurs

Les modèles français et belge, malgré leurs différences, démontrent qu'un système de sécurité sociale pour les avocats est viable et bénéfique. *Pour la RDC, la création d'un tel système présente des enjeux positifs considérables. Les avocats, en tant qu'indépendants, sont particulièrement exposés aux risques sociaux (maladie, invalidité, vieillesse) sans protection organisée ; un système de sécurité sociale leur offrirait une protection essentielle.* La perspective d'une retraite décente et d'une couverture sociale rendrait la profession d'avocat plus attractive. Trop d'avocats congolais terminent leur carrière dans la précarité, faute de revenus de remplacement ; un système de retraite leur garantirait une fin de carrière digne. Enfin, la pension de réversion prévue par le texte offrirait une sécurité aux conjoints survivants et aux orphelins.

b) Défis majeurs et risques d'échec

Toutefois, la création d'un système de sécurité sociale viable pour les avocats en RDC se heurte à des défis considérables :

- *Viabilité financière :* C'est le défi le plus critique. Un système de sécurité sociale par répartition nécessite un nombre suffisant de cotisants actifs pour financer les prestations des retraités et invalides. La viabilité financière d'un tel système est incertaine. Le ratio actifs/retraités, la durée moyenne de cotisation, et le niveau des prestations devront être soigneusement calibrés.
- *Capacité contributive limitée :* Les revenus de nombreux avocats congolais sont modestes, notamment pour les jeunes avocats et ceux exerçant en dehors des grandes villes. Le niveau de cotisations nécessaire pour financer un système viable pourrait être difficilement supportable pour une partie significative de la profession.
- *Délai de trois ans trop court :* Le texte prévoit un délai de trois ans pour créer la mutuelle. Ce délai paraît extrêmement court pour concevoir, structurer et mettre en place un système de sécurité sociale viable. Une étude actuarielle[196] approfondie, la définition des statuts de

---

[196] La création d'un système de sécurité sociale nécessite une expertise actuarielle pointue pour calibrer les cotisations, les prestations, et garantir l'équilibre financier à long terme. Cette expertise est rare en RDC et devra probablement être importée, ce qui représente un coût supplémentaire.

la mutuelle, la mise en place des organes de gouvernance, et la création des systèmes de gestion nécessitent généralement plusieurs années.

- *Gouvernance et gestion :* La gestion d'une mutuelle de sécurité sociale nécessite des compétences en gestion financière, en comptabilité, en actuariat, et en administration. Le Conseil national de l'ordre devra soit développer ces compétences en interne, soit les externaliser, ce qui pose des questions de coût et de contrôle.
- *Adhésion de la profession :* Convaincre les avocats de cotiser à un système dont les bénéfices ne seront perceptibles que dans plusieurs décennies (pour la retraite) pourrait s'avérer difficile, surtout si les cotisations sont élevées. Une communication efficace et une gouvernance transparente seront essentielles pour obtenir l'adhésion de la profession.
- *Recouvrement des cotisations :* Collecter effectivement les cotisations auprès de tous les avocats, y compris ceux exerçant dans des zones reculées ou ayant des revenus irréguliers, constituera un défi administratif majeur.
- *Risque de système non viable :* Le risque le plus sérieux est la création d'un système qui, faute d'études préalables suffisantes, se révèle financièrement non viable après quelques années, conduisant soit à une faillite de la mutuelle, soit à des ajustements drastiques (augmentation des cotisations, réduction des prestations) qui décourageraient les adhérents.

4. Recommandations pour un système viable et durable

Pour maximiser les chances de succès de cette innovation majeure, plusieurs recommandations s'imposent :

- Avant toute création de la mutuelle, une étude actuarielle complète doit être réalisée par des experts qualifiés. Cette étude devra estimer le nombre d'avocats cotisants (actuels et futurs), projeter les revenus moyens de la profession, calculer le ratio actifs/retraités sur 30-40 ans, définir des scénarios de cotisations et de prestations viables, et identifier les risques financiers en proposant des mécanismes de régulation.
- Plutôt que de viser immédiatement un système complet couvrant retraite, maladie, invalidité et décès, il serait plus prudent de commencer par un système limité (par exemple, uniquement la retraite de base) et d'élargir progressivement les prestations une fois la viabilité du système démontrée.

- Les cotisations doivent être obligatoires pour tous les avocats inscrits, afin d'éviter une sélection adverse (seuls les avocats âgés ou à faibles revenus cotiseraient). Elles doivent être proportionnelles aux revenus, avec un plancher et un plafond, pour garantir l'équité et la viabilité.
- Mettre en place des mécanismes de recouvrement automatiques, par exemple en liant le paiement des cotisations au renouvellement annuel de l'inscription au barreau. Les avocats en retard de cotisations pourraient voir leur inscription suspendue.
- La mutuelle doit être administrée par un conseil d'administration élu par les avocats, avec des mandats limités et une rotation obligatoire. Les comptes doivent être audités annuellement par des commissaires aux comptes indépendants et publiés pour garantir la transparence.
- Prévoir un contrôle externe par une autorité de régulation (par exemple, l'autorité de régulation des assurances) pour garantir la solvabilité de la mutuelle et la protection des cotisants.
- Pour certaines prestations (maladie, invalidité), il pourrait être plus efficace de conclure des partenariats avec des compagnies d'assurance privées, la mutuelle négociant des contrats collectifs avantageux pour ses membres, plutôt que de gérer directement ces risques.
- Prévoir une évaluation actuarielle tous les 3 à 5 ans pour ajuster les cotisations et les prestations en fonction de l'évolution démographique et économique de la profession.
- Le délai de trois ans prévu par le texte devrait être prolongé à au moins cinq ans pour permettre la réalisation d'une étude actuarielle sérieuse et la mise en place d'un système solide.

C. LA MODERNISATION DES MODES D'EXERCICE : ADAPTER LA PROFESSION AUX RÉALITÉS CONTEMPORAINES

1. Le contenu de l'innovation : une diversification bienvenue

Au-delà des innovations sociales que constituent l'aide judiciaire et la sécurité sociale, la proposition de loi 2025 s'attaque également à la structure même de l'exercice professionnel. Elle modernise en profondeur les modes d'exercice de la profession. *Alors que l'Ordonnance-loi de 1979 est principalement axée sur l'exercice individuel, l'article 122 du nouveau texte reconnaît et encadre une diversité de structures* :

   a. *L'exercice en société d'avocats* (avec personnalité juridique)
   b. *Les cabinets groupés* (partage de moyens, sans personnalité juridique)

c. *La collaboration libérale* (sans lien de subordination)

d. *Le salariat* au sein d'un autre cabinet d'avocats

Cette diversification permet à la profession de s'adapter à la complexité croissante du monde des affaires et d'offrir des parcours de carrière plus variés. Elle répond aux besoins des grandes entreprises qui recherchent des cabinets structurés capables de mobiliser des équipes pluridisciplinaires, tout en offrant aux jeunes avocats des alternatives à l'installation immédiate en cabinet individuel.

En effet, cette solution est la bienvenue en RDC car déjà, un débat a eu lieu sur la question : ***Est-il possible de constituer une société civile professionnelle d'avocats en RD.Congo ?*** A la suite de la réflexion du Prof. Daniel DJEDI ainsi que des échanges avec les confrères Herve-Michel BIA BUETUSIWA et Grace MUWAWA LUWUNGI, nous avions répondu que *« nous n'étions pas très chaud avec la proposition de société coopérative d'avocats même si dans le monde les choses évoluent. Mais les limites peuvent être situées à la lucrativité limitée qui n'est pas dans l'ADN de la profession, bien que le désintéressement fasse théoriquement partie des principes de l'avocat. Il sera question avec cette forme coopérative, de démontrer à l'Ordre que ce statut juridique est compatible avec l'exercice de la profession d'avocat et cela prendra du temps au regard de la rigidité mais surtout de l'archaïsme de nos textes. Il n'est pas dit que les sociétés civiles d'avocats doivent suivre les formes OHADA car nos cabinets ne sont pas commerciaux au vrai sens du mot. Bien plus, il y a déjà des cabinets d'avocats qui sont constitués en SARL ou SAS. Est-ce conforme à nos textes ou ce qui n'est pas interdit est permis ? Dans la plupart de pays à vocation romano- germanique, un cabinet d'avocats est une entreprise libérale de droit privé, qui peut être composée d'un ou plusieurs avocats. Un avocat peut exercer la profession pour son propre compte ou au sein d'une structure constituée de plusieurs avocats. Comme les autres professionnels libéraux, les avocats peuvent exercer en leur nom personnel ou créer une société pour exercer leur métier. Mais quelle société ? Il est vrai que les dispositions anciennes sur la société civile n'ont jamais été abrogées par l'AUSCGIE mais en pratique, la plupart de nos barreaux tiennent un registre des sociétés professionnelles d'avocat où ils les immatriculent et les inscrivent. Mais inscrire une société d'avocats comme SNCOOP me semble rabaisser l'avocat au même rang d'autres métiers non réglementés même si cela ne viole pas la loi.*

À Kinshasa le guichet unique immatricule les sociétés civiles professionnelles. C'est sur base de l'Ordonnance n°79-028 du 28 septembre 1979 portant organisation du Barreau, du corps des défenseurs judiciaires et du corps des mandataires de l'État, du Règlement Intérieur Cadre des Barreaux de la République démocratique du Congo du 19 Août 1987 tel que modifié par décision n°04/CNO du 24 Février 2001 et des autres décisions de principe du Conseil National de l'Ordre des Avocats en vigueur, d'une part, et d'autre part, au Décret du 04 mai 1912 relatif au régime applicable aux Sociétés civiles (Bulletin officiel, P.530). »[197]

2. Comparaisons internationales : des modèles éprouvés

a) Le système français offre une grande diversité de modes d'exercice pour les avocats, encadrés par l'article 7 de la loi du 31 décembre 1971[198]:

- *Exercice individuel :* Historiquement dominant, l'exercice individuel reste une forme courante, bien que son attrait relatif ait diminué au profit de structures sociétaires[199]
- *Sociétés d'exercice libéral (SEL) :* Les SEL sont spécifiquement conçues pour les professions libérales réglementées et offrent une responsabilité limitée, protégeant les biens personnels des associés[200]. Plusieurs formes existent :
  - *La SELARL (Société d'Exercice Libéral à Responsabilité Limitée)* constitue la forme la plus utilisée par les avocats. Elle peut compter de 2 à 100 associés (ou un seul pour une SELARLU), la responsabilité des associés étant limitée à leurs apports. Elle est généralement soumise à l'impôt sur les sociétés (IS)[201]. Les SELARL offrent un cadre structuré et sécurisé, permettant une répartition claire des pouvoirs et une mutualisation des ressources.
  - *La SELAS (Société d'Exercice Libéral par Actions Simplifiée),* variante de la SAS, offre quant à elle une plus grande flexibilité statutaire et une gouvernance moderne, le président d'une SELAS pouvant être assimilé salarié pour la sécurité sociale[202].

---

[197] Joseph YAV KATSHUNG, *Est-il possible de constituer une société civile professionnelle d'avocats en RD.Congo ? Ma réaction à l'Opinion du Prof. Dr. Me Daniel DJEDI.,* 2022
https://www.legavox.fr/blog/yav-associates/possible-constituer-societe-civile-professionnelle-33496.htm
[198] Loi n° 71-1130 du 31 décembre 1971 portant réforme de certaines professions judiciaires et juridiques, article 7, France.
[199] Village de la Justice, « Évolution des modes d'exercice des avocats : les derniers chiffres », 2024
[200] LegalPlace, « SELARL ou Société d'Exercice Libéral à Responsabilité Limitée », 2024.
[201] Ibid.
[202] Drouot Avocats, « Avocat spécialiste société SELAS, SELARL ou SCP », 2024.

- Enfin, *les SELAFA et SELCA*, variantes de la SA et de la SCA, sont utilisées pour des structures plus importantes ou avec des investisseurs externes.
- *Sociétés Civiles Professionnelles (SCP)* : Forme traditionnelle de partenariat, les SCP sont moins utilisées que les SELARL mais restent présentes. Tous les associés sont généralement gérants, et leur responsabilité est solidaire.
- *Collaboration libérale* : Très répandue, notamment pour les jeunes avocats, la collaboration libérale permet à un avocat d'exercer de manière indépendante tout en bénéficiant de la structure et de la clientèle d'un cabinet établi[203].
- *Salariat* : Autorisé depuis 1990 (loi n° 90-1259), le salariat permet à un avocat d'être employé par un autre avocat ou une société d'avocats. L'avocat salarié bénéficie du statut protecteur du Code du travail tout en conservant son indépendance professionnelle garantie par la déontologie[204].
- *Pluralité d'exercice (pluri-exercice)* : Depuis la loi Macron (décret n° 2016-878 du 29 juin 2016), les avocats peuvent cumuler plusieurs modes d'exercice, par exemple être avocat individuel et associé unique d'une SELARL simultanément[205].

b) Le système belge offre des structures similaires à la France : sociétés civiles, SPRL (équivalent de la SARL), collaboration libérale, et salariat. Les avocats belges peuvent également exercer sous différentes formes sociétaires adaptées à leurs besoins.

c) *En Afrique francophone*, l'évolution vers des structures sociétaires est progressive. Au Sénégal, les sociétés civiles professionnelles d'avocats sont autorisées et se développent progressivement, notamment dans les grandes villes comme Dakar. En Côte d'Ivoire, l'exercice individuel reste dominant, mais des sociétés d'avocats émergent pour répondre aux besoins des grandes entreprises et des investisseurs internationaux. Au Cameroun, les sociétés d'avocats sont reconnues et se développent, notamment pour les cabinets d'affaires. L'on observe donc une tendance à la concentration et à la structuration des cabinets dans les capitales africaines, sous l'influence des cabinets internationaux et des besoins des entreprises multinationales.

---

[203] Conseil National des Barreaux (CNB), « Foire aux questions - Contrat de collaboration », France.
[204] Loi n° 90-1259 du 31 décembre 1990 portant réforme de certaines professions judiciaires et juridiques, France.
[205] Décret n° 2016-878 du 29 juin 2016 relatif aux modes d'exercice de la profession d'avocat, France

d) Au niveau international, plusieurs tendances se dessinent, la concentration, avec le développement de grands cabinets internationaux (« Big Law ») comptant des centaines voire des milliers d'avocats ; la spécialisation, avec l'émergence de cabinets hautement spécialisés dans des domaines pointus (fiscalité internationale, arbitrage, propriété intellectuelle) ; la multidisciplinarité, avec le développement dans certains pays de structures associant avocats et autres professionnels (comptables, consultants) ; et enfin l'émergence d'Alternative Legal Service Providers (ALSP), nouveaux acteurs proposant des services juridiques alternatifs, souvent basés sur la technologie.

3. Enjeux et défis de mise en œuvre en RDC

a) Enjeux positifs

Les expériences française, belge et africaines montrent que la diversification des modes d'exercice est une tendance inéluctable, répondant aux besoins d'une profession en mutation. Pour la RDC, cette diversification présente plusieurs avantages. Les grandes entreprises et les investisseurs internationaux recherchent des cabinets structurés, capables de mobiliser des équipes pluridisciplinaires et offrant des garanties de continuité ; les sociétés d'avocats répondent à ce besoin. Le salariat et la collaboration libérale offrent aux jeunes avocats des alternatives à l'installation immédiate en cabinet individuel, leur permettant d'acquérir de l'expérience et de constituer progressivement une clientèle. Les cabinets groupés permettent quant à eux de partager les coûts (locaux, secrétariat, documentation) tout en préservant l'indépendance de chaque avocat. Enfin, la diversité des modes d'exercice rend la profession plus attractive en offrant des parcours variés adaptés aux aspirations de chacun.

b) Défis de mise en œuvre

Plusieurs défis devront être relevés pour que cette innovation porte ses fruits :

- *Réglementation détaillée nécessaire* : L'article 122 de la proposition de loi pose *le principe de la diversification des modes d'exercice*, mais de nombreux détails devront être précisés par voie réglementaire : statuts types des sociétés d'avocats ; règles de gouvernance (assemblées générales, gérance, etc.) ; régime de responsabilité (limitée ou solidaire ?) ; régime fiscal applicable ; modalités de transformation d'une structure en une autre.

- *Garantie de l'indépendance professionnelle :* Pour l'avocat salarié, il est crucial de garantir son indépendance professionnelle malgré le lien de subordination. Le Règlement Intérieur Cadre devra prévoir des clauses statutaires protégeant cette indépendance, comme c'est le cas en France[206].

- *Adaptation de la déontologie :* Les règles déontologiques devront être adaptées aux nouvelles structures, notamment en matière de conflits d'intérêts (comment gérer les conflits au sein d'une société d'avocats ?), de secret professionnel (partage d'informations entre associés), et de publicité.

- *Culture professionnelle :* La tradition d'exercice individuel est forte en RDC. Il faudra accompagner la profession dans cette évolution culturelle, notamment par la formation et la sensibilisation aux avantages des structures sociétaires.

- *Fiscalité :* Le régime fiscal applicable aux sociétés d'avocats devra être clarifié. Des avantages fiscaux pourraient être envisagés pour encourager la création de structures sociétaires.

4. Recommandations

Pour faciliter la mise en œuvre de cette innovation, plusieurs mesures s'imposent. Le Conseil national de l'ordre devrait élaborer, dans un délai raisonnable (12 à 18 mois), des textes réglementaires détaillés (mesures d'application, règlement intérieur) précisant les modalités de création et de fonctionnement des différentes structures. Les modèles français (SELARL, SELAS) et belges, qui ont fait leurs preuves, pourraient être adaptés au contexte congolais. Il conviendra de prévoir des clauses statutaires explicites garantissant l'indépendance professionnelle de l'avocat salarié, notamment son droit de refuser un dossier en cas de conflit d'intérêts ou de contradiction avec sa conscience. Des formations devront être organisées sur les différents modes d'exercice, leurs avantages et inconvénients, et les modalités pratiques de création de structures sociétaires. Il serait également opportun d'envisager des incitations fiscales ou administratives pour encourager la création de sociétés d'avocats, notamment pour les jeunes avocats. Enfin, le Règlement Intérieur devra être révisé pour adapter les règles déontologiques aux nouvelles structures (conflits d'intérêts, secret professionnel, publicité).

---

[206] Décret n° 2016-878 du 29 juin 2016, op. cit.

D. AUTRES INNOVATIONS STRUCTURELLES ET PROFESSIONNELLES

Les trois innovations majeures que constituent l'aide judiciaire financée, la sécurité sociale et la modernisation des modes d'exercice ne doivent pas occulter d'autres dispositions importantes de la proposition de loi 2025. Plusieurs innovations structurelles et professionnelles méritent également d'être soulignées, car elles contribuent à la transformation globale de la profession.

1. La création du Barreau de cassation : une spécialisation nécessaire

a) Le contenu de l'innovation

Les articles 42 et suivants de la proposition de loi prévoient la création d'un barreau de cassation, adapté à la structure des hautes cours issue de la Constitution de 2006[207]. La RDC dispose désormais d'une Cour de cassation (juridiction suprême de l'ordre judiciaire) et d'un Conseil d'État (juridiction suprême de l'ordre administratif). La création d'un barreau spécialisé pour plaider devant ces hautes cours répond à un besoin de spécialisation et d'expertise. Les conditions d'accès à ce barreau spécialisé devraient être plus strictes que pour les barreaux ordinaires, avec des exigences d'ancienneté et d'expérience professionnelle accrues.

b) Le modèle français : l'Ordre des avocats au Conseil d'État et à la Cour de cassation

En France, l'Ordre des avocats au Conseil d'État et à la Cour de cassation constitue un barreau spécialisé et autonome, distinct des barreaux régionaux[208]. Le nombre d'avocats aux conseils est limité à 115, ce qui en fait une profession très sélective. La représentation par un avocat aux conseils est obligatoire pour les procédures devant le Conseil d'État et la Cour de cassation. L'accès se fait soit par concours (très sélectif), soit par rachat d'une charge existante (très coûteux)[209]. Les avocats aux conseils sont des spécialistes de la technique du pourvoi en cassation, qui nécessite une expertise juridique pointue. Enfin, ils fournissent un avis objectif sur les chances de succès d'un pourvoi, évitant ainsi des procédures inutiles et

---

[207] Proposition de loi sur le Barreau 2025, articles 42 et suivants, République Démocratique du Congo.
[208] Ordre des avocats au Conseil d'État et à la Cour de cassation, France. Disponible sur : https://www.ordre-avocats-cassation.fr/
[209] Ministère de la Justice, France, « L'avocat au Conseil d'État et à la Cour de cassation », 2024.

coûteuses. Ce système garantit une très haute qualité des pourvois devant les juridictions suprêmes, contribuant à la qualité de la jurisprudence. Toutefois, le numerus clausus et le coût élevé de l'accès créent un système élitiste et peuvent limiter l'accès à la justice.

c) Enjeux et recommandations pour la RDC

Un barreau spécialisé garantirait une meilleure qualité des pourvois devant la Cour de cassation et le Conseil d'État, contribuant à la qualité de la jurisprudence. La technique du pourvoi en cassation est complexe et nécessite une expertise spécifique que tous les avocats ne possèdent pas. Enfin, la création d'un barreau de cassation renforcerait le prestige de la profession d'avocat en RDC. Toutefois, plusieurs défis devront être relevés. *Faut-il un numerus clausus comme en France, ou un accès ouvert basé sur l'ancienneté et l'expérience ?* Un numerus clausus pourrait limiter l'accès à la justice, tandis qu'un accès trop ouvert pourrait diluer l'expertise. Il faut éviter de créer un système trop fermé ou élitiste qui exclurait une partie de la profession. Le système ne doit pas créer d'obstacles excessifs à l'accès aux juridictions suprêmes.

Plutôt qu'un numerus clausus, il conviendrait de privilégier des conditions d'accès basées sur l'ancienneté (par exemple, 10 à 15 ans d'exercice) et éventuellement un examen ou une formation spécialisée. Il faudrait éviter de créer un monopole absolu de la postulation comme en France ; tous les avocats pourraient plaider devant les hautes cours, mais seuls les membres du barreau de cassation auraient un titre spécifique reconnaissant leur expertise. Une formation spécialisée obligatoire sur la technique du pourvoi en cassation devrait être prévue pour les membres du barreau de cassation. Enfin, il conviendrait d'évaluer régulièrement le fonctionnement du barreau de cassation pour s'assurer qu'il remplit ses objectifs sans créer d'obstacles à l'accès à la justice.

2. L'élargissement des compétences exclusives : renforcer la profession

a) Le contenu de l'innovation

L'article 8 de la proposition de loi élargit les compétences exclusives de l'avocat à des domaines stratégiques : *Rédaction des statuts de sociétés commerciales ; Rédaction des actes translatifs de propriété immobilière ; Autres actes juridiques (à préciser).* Cet élargissement vise à renforcer la profession face à d'autres professions (notaires, juristes d'entreprise) et à garantir la qualité et la sécurité juridique de ces actes importants.

b) Comparaisons internationales

- **En France**, le monopole de l'avocat en France est limité[210] : Monopole partagé avec d'autres professions réglementées (notaires, experts-comptables, etc.) sous certaines conditions. Pas de monopole général sur la rédaction d'actes sous seing privé (sauf actes authentiques pour les notaires). Enfin, monopole de l'avocat (sauf exceptions). La loi française n° 71-1130 du 31 décembre 1971 (article 54) prévoit que nul ne peut, de manière habituelle et rémunérée, donner des consultations juridiques ou rédiger des actes sous seing privé pour autrui s'il n'est titulaire des qualifications requises[211]. Toutefois, de nombreuses exceptions existent pour les professions réglementées et les juristes d'entreprise[212].

En Belgique, le monopole de l'avocat est également limité. Il n'y a pas de monopole sur la consultation juridique, mais un monopole sur la représentation en justice. En *Afrique francophone*, les monopoles varient selon les pays : Monopole de la consultation juridique (avec exceptions)[213]. Enfin, monopoles limités, similaires au modèle français.

c) Enjeux et recommandations

L'élargissement des compétences exclusives protège la profession d'avocat face à la concurrence d'autres professions. Confier la rédaction d'actes importants (statuts de sociétés, actes immobiliers) à des professionnels qualifiés et soumis à des règles déontologiques strictes garantit la sécurité juridique. Enfin, les avocats sont soumis à une assurance responsabilité civile professionnelle obligatoire, ce qui protège les clients en cas d'erreur. Des conflits pourraient surgir sur la délimitation exacte des compétences exclusives. Enfin, *la profession d'avocat en RDC a-t-elle la capacité (en nombre et en compétences) d'assumer ces nouvelles compétences exclusives?*

Recommandations : Les textes réglementaires devront définir précisément quels actes relèvent du monopole de l'avocat et lesquels peuvent être réalisés par d'autres professions. Comme en France, prévoir des exceptions pour les juristes d'entreprise (qui peuvent conseiller leur employeur) et pour les actes simples ou standardisés. Organiser des formations spécialisées pour que les avocats acquièrent les compétences nécessaires dans ces nouveaux domaines (droit des sociétés, droit immobilier). Enfin, engager un dialogue constructif

---

[210] Loi n° 71-1130 du 31 décembre 1971, article 54, France.
[211] Ibid.
[212] CNB, « Vademecum sur l'exercice du droit », 2017.
[213] Loi n° 84-09 du 4 janvier 1984 portant organisation de la profession d'avocat au Sénégal

avec les notaires et les juristes d'entreprise pour délimiter les compétences de chacun et éviter les conflits.

3. L'assurance responsabilité civile professionnelle obligatoire : une garantie essentielle

a) Le contenu de l'innovation

L'article 69 de la proposition de loi rend obligatoire la souscription d'une assurance responsabilité civile professionnelle pour tout avocat. Cette assurance couvre les conséquences financières des fautes professionnelles commises par l'avocat (erreurs, omissions, négligences). Cette obligation, constitue une garantie essentielle pour la protection des clients et la crédibilité de la profession. Mais il reste de voir comment les sociétés d'assurance vont aider les avocats à matérialiser cette obligation.

b) Comparaisons internationales

L'assurance responsabilité civile professionnelle *(L'assurance RC professionnelle)* est obligatoire pour les avocats français depuis 1954 (loi n° 54-1218)[214]. Les caractéristiques du système français sont : 500 000 € par sinistre (2023)[215]. Chaque barreau vérifie annuellement que ses membres sont bien assurés. Suspension ou radiation en cas de non-souscription[216] Enfin, de nombreux barreaux souscrivent des contrats collectifs pour leurs membres, négociant des tarifs avantageux. L'assurance RC professionnelle est également obligatoire pour les avocats belges, avec un montant minimum de garantie de 250 000 € par sinistre.

c) Enjeux et recommandations

L'assurance RC professionnelle garantit que les clients pourront être indemnisés en cas de faute professionnelle de leur avocat. Cette obligation renforce la crédibilité de la profession en démontrant son sérieux et sa responsabilité. Enfin, l'obligation d'assurance RC professionnelle est un standard international pour les professions juridiques. *Existe-t-il en RDC des compagnies d'assurance proposant des contrats RC professionnelle adaptés aux avocats ?* Le coût des primes d'assurance pourrait être élevé, notamment

---

[214] Loi n° 54-1218 du 6 décembre 1954 relative à l'assurance obligatoire de la responsabilité civile en matière de circulation de véhicules terrestres à moteur, France.
[215] Décret n° 91-1197 du 27 novembre 1991 organisant la profession d'avocat, article 205, France (modifié).
[216] Ibid.

pour les jeunes avocats ou ceux ayant des revenus modestes. *Enfin, comment garantir que tous les avocats souscrivent effectivement une assurance ?* Un contrôle annuel par les barreaux sera nécessaire.

Le montant minimum de garantie devrait être adapté au contexte économique congolais. Un montant trop élevé pourrait être inabordable, tandis qu'un montant trop faible ne protégerait pas suffisamment les clients. Un montant de l'ordre de 50 000 à 100 000 USD par sinistre pourrait être envisagé. Les barreaux devraient négocier des contrats collectifs avec des compagnies d'assurance pour obtenir des tarifs avantageux pour leurs membres. Chaque barreau devrait exiger, la production d'un certificat d'assurance RC professionnelle en cours de validité. La non-souscription d'une assurance RC professionnelle devrait entraîner la suspension de l'inscription au barreau, conformément à l'article 69 de la proposition de loi. Mener des campagnes de sensibilisation auprès des avocats sur l'importance de l'assurance RC professionnelle et les risques encourus en cas de non-souscription. Enfin, travailler avec les compagnies d'assurance et les autorités de régulation pour développer une offre d'assurance RC professionnelle adaptée aux avocats congolais.

Au terme de cette analyse des innovations sociales et économiques de la proposition de loi 2025, un constat s'impose : ces dispositions témoignent d'une vision globale et ambitieuse de la profession d'avocat en RDC. Le texte ne se limite pas à réglementer les aspects déontologiques et disciplinaires de la profession, mais embrasse également ses dimensions sociale (aide judiciaire, sécurité sociale), économique (modes d'exercice, compétences exclusives), et professionnelle (barreau de cassation, assurance RC).

Ces innovations, prises dans leur ensemble, placent potentiellement la RDC à l'avant-garde des réformes du Barreau en Afrique francophone. L'aide judiciaire financée par l'État et la sécurité sociale pour les avocats, en particulier, constituent des avancées révolutionnaires qui, si elles sont effectivement mises en œuvre, transformeraient radicalement la profession. Toutefois, comme l'analyse comparative internationale l'a montré, **ces innovations ambitieuses soulèvent des défis majeurs de mise en œuvre :**

- *Contraintes budgétaires :* L'aide judiciaire financée nécessite un engagement budgétaire substantiel de l'État, dans un contexte de ressources publiques limitées. Le risque que cette disposition reste lettre morte faute de budgétisation est réel.
- *Viabilité financière :* La création d'un système de sécurité sociale viable pour les avocats nécessite une étude actuarielle approfondie et

un calibrage précis des cotisations et des prestations. Le nombre relativement limité d'avocats en RDC et leurs revenus souvent modestes posent des défis de viabilité.

- *Réglementation détaillée* : La diversification des modes d'exercice nécessite l'adoption de textes réglementaires détaillés précisant les modalités de création et de fonctionnement des différentes structures.
- *Capacités institutionnelles* : La mise en œuvre de ces innovations nécessite des capacités institutionnelles (expertise actuarielle, gestion de mutuelle, contrôle des assurances) qui devront être développées.
- *Adhésion de la profession* : Le succès de ces innovations dépendra de l'adhésion de la profession elle-même, qui devra être convaincue de leur pertinence et de leur viabilité.

Les conditions de succès de ces innovations sont claires. *L'État doit démontrer une volonté politique forte en budgétisant effectivement l'aide judiciaire et en facilitant la création de la mutuelle de sécurité sociale. Des ressources financières suffisantes doivent être mobilisées, tant par l'État (pour l'aide judiciaire) que par la profession (pour la sécurité sociale). Des textes réglementaires détaillés doivent être adoptés rapidement pour préciser les modalités de mise en œuvre de chaque innovation. Une expertise technique (actuarielle, juridique, administrative) doit être mobilisée pour concevoir des systèmes viables. La profession doit être associée étroitement à la mise en œuvre de ces innovations et convaincue de leur pertinence. Enfin, des mécanismes de suivi et d'évaluation doivent être mis en place pour ajuster les dispositifs en fonction de leur fonctionnement réel.*

Si ces conditions sont réunies, les innovations sociales et économiques de la proposition de loi 2025 pourraient effectivement transformer la profession d'avocat en RDC et servir de modèle pour d'autres pays d'Afrique francophone. Si elles ne le sont pas, ces dispositions ambitieuses risquent de rester des promesses non tenues, ajoutant à la déception et au cynisme qui accompagnent trop souvent les réformes législatives en Afrique.

La question centrale n'est donc pas de savoir si ces innovations sont souhaitables - elles le sont incontestablement - mais si la RDC dispose de la volonté politique, des ressources financières, et des capacités institutionnelles nécessaires pour les mettre en œuvre effectivement. C'est à cette question que les prochaines années apporteront une réponse.

IV. ANALYSE DES ENJEUX CONTEMPORAINS ET THÉMATIQUES ÉMERGENTES

4.1. Introduction : La profession d'avocat à un carrefour historique

La profession d'avocat, pilier fondamental de l'État de Droit et de la protection des libertés individuelles, se trouve à un carrefour historique[217]. Les transformations technologiques, sociétales et économiques redéfinissent en profondeur ses modes d'exercice, ses obligations déontologiques et sa relation avec les justiciables[218]. Dans ce contexte de mutation rapide, l'élaboration d'un cadre législatif moderne et complet est un impératif pour toute nation soucieuse de garantir une justice efficace, accessible et en phase avec les réalités du XXIe siècle[219].

Si la proposition de loi 2025 apporte des innovations majeures sur certains plans (système disciplinaire, sécurité sociale, gouvernance), il présente également des lacunes importantes sur des enjeux contemporains cruciaux qui font l'objet de débats intenses à l'échelle internationale[220]. Cette section analyse en profondeur ces thématiques émergentes que toute réforme ambitieuse devrait impérativement aborder. L'analyse s'articule autour de quatre axes majeurs : la révolution numérique et ses implications, la nécessaire modernisation du cadre éthique et déontologique, la dimension humaine de la profession, et l'impératif d'un meilleur accès à la justice.

A. La transformation numérique de la profession d'avocat

La vague de numérisation qui traverse toutes les sphères de la société impacte de manière structurelle la pratique du droit[221]. Une proposition de loi moderne ne peut ignorer cette réalité et doit encadrer les opportunités et les risques qui en découlent. Les standards internationaux convergent vers la

---

[217] La profession d'avocat est confrontée à des transformations majeures liées aux évolutions technologiques, sociétales et économiques contemporaines.
[218] Ces transformations redéfinissent les modes d'exercice, les obligations déontologiques et la relation avec les justiciables.
[219] Un cadre législatif moderne et complet est nécessaire pour garantir une justice efficace, accessible et adaptée aux réalités du XXIe siècle.
[220] La proposition de loi 2025, malgré ses innovations sur certains plans, présente des lacunes importantes sur des enjeux contemporains cruciaux.
[221] La numérisation transforme structurellement la pratique du droit dans toutes ses dimensions.

nécessité d'une régulation équilibrée qui favorise l'innovation tout en protégeant les principes essentiels de la profession et les droits des justiciables[222].

1. Intégration de l'Intelligence Artificielle et des Legaltechs

L'émergence de l'intelligence artificielle (IA), et plus particulièrement de l'IA générative, constitue une révolution pour les professionnels du droit[223]. Ces technologies ne sont plus de simples outils, mais des partenaires capables d'augmenter les capacités des avocats[224]. Les outils développés par les entreprises de la *"Legaltech"* permettent d'automatiser des tâches routinières, d'analyser des volumes massifs de jurisprudence en quelques secondes et d'assister à la rédaction d'actes juridiques. Des études montrent que jusqu'à 44 % des tâches juridiques pourraient être automatisées, libérant ainsi les avocats pour se concentrer sur des activités à plus haute valeur ajoutée comme le conseil stratégique, la négociation et la plaidoirie[225].

- **État des lieux de la proposition de loi 2025 :** Comme développé dans la section II de cette étude, le silence du projet de loi sur l'IA est assourdissant. *Sur 222 articles, aucune disposition n'encadre l'utilisation des outils d'IA générative, la responsabilité professionnelle en cas d'erreur algorithmique, ou les obligations de supervision humaine[226].* Cette omission est la faiblesse la plus critique de la proposition, qui réglemente une profession du XXIe siècle avec des concepts du XXe.

---

[222] Les standards internationaux convergent vers une régulation équilibrée qui favorise l'innovation tout en protégeant les principes essentiels.

[223] L'intelligence artificielle, notamment l'IA générative, constitue une révolution pour les professionnels du droit.

[224] Les technologies d'IA ne sont plus de simples outils mais des partenaires capables d'augmenter les capacités des avocats.

[225] HATZIUS, Jan, BRIGGS, Joseph, KODNANI, Devesh et PIERDOMENICO, Giovanni, *The Potentially Large Effects of Artificial Intelligence on Economic Growth (Briggs/Kodnani)*, Goldman Sachs Economic Research, mars 2023, 11 p. Il convient de préciser que le chiffre de 44% concerne les tâches juridiques automatisables, et non les emplois juridiques. L'étude Goldman Sachs (2023) indique que la plupart des professions exposées verront une automatisation partielle de leur charge de travail (25-50%) plutôt qu'un remplacement complet. Une mise à jour de Goldman Sachs en juin 2024 a d'ailleurs révisé ces estimations, suggérant qu'environ 17% des emplois juridiques américains seraient réellement menacés par l'automatisation, plutôt que 40% comme initialement estimé. Voir : Artificial Lawyer, "Updated, Around 17% of Legal Jobs At AI Risk – Goldman Sachs", août 2024.

[226] Aucune disposition du projet n'encadre l'utilisation des outils d'IA générative ou la responsabilité en cas d'erreur algorithmique.

- **Ce qu'une reforme moderne devrait prévoir :** Une proposition de loi visionnaire pour 2025 doit reconnaître et encadrer l'utilisation de ces technologies[227]. *Elle devrait définir le statut de ces outils, non pas comme des substituts à l'avocat, mais comme des aides à la décision qui engagent la responsabilité du professionnel qui les utilise*[228]. La législation doit insister sur le fait que l'avocat reste le seul maître de son dossier et doit systématiquement vérifier les informations produites par l'IA, qui peuvent contenir des "hallucinations" ou des erreurs factuelles[229].

Parallèlement, l'essor des *Legaltechs* crée de nouvelles formes d'exercice de la profession[230]. Des avocats deviennent entrepreneurs en développant des plateformes de services juridiques en ligne[231]. *La législation doit clarifier les conditions dans lesquelles un avocat peut exercer de telles activités commerciales, en s'assurant qu'elles restent compatibles avec les principes déontologiques fondamentaux d'indépendance, de probité et de secret professionnel*[232]. Le cadre réglementaire français, par exemple, soumet les avocats qui commercialisent des services connexes à leur profession aux mêmes règles déontologiques, afin d'éviter une concurrence déloyale et de garantir la protection du consommateur de droit[233]. Ignorer cette dimension reviendrait à laisser se développer un marché du droit non régulé, au détriment de la sécurité juridique des citoyens et de l'intégrité de la profession[234].

---

[227] Un projet de loi visionnaire pour 2025 doit reconnaître et encadrer l'utilisation des technologies d'IA.

[228] Les outils d'IA doivent être définis comme des aides à la décision qui engagent la responsabilité du professionnel qui les utilise.

[229] L'intelligence artificielle générative, comme ChatGPT ou Claude, peut produire des 'hallucinations' - des informations factuellement incorrectes présentées avec assurance. Cette caractéristique impose aux avocats une obligation de vérification systématique des résultats produits par ces outils.

[230] L'essor des Legaltechs crée de nouvelles formes d'exercice de la profession.

[231] Des avocats deviennent entrepreneurs en développant des plateformes de services juridiques en ligne.

[232] Les activités commerciales des avocats doivent rester compatibles avec les principes déontologiques fondamentaux d'indépendance, de probité et de secret professionnel.

[233] Le cadre réglementaire français soumet les avocats qui commercialisent des services connexes aux mêmes règles déontologiques.

[234] Un développement non régulé du marché du droit numérique pourrait se faire au détriment de la sécurité juridique et de l'intégrité de la profession.

2. Responsabilité professionnelle à l'ère Numérique

L'intégration de l'IA dans la pratique juridique soulève des questions inédites en matière de responsabilité civile professionnelle. Le droit traditionnel, fondé sur la responsabilité du fait personnel ou du fait des choses, peine à appréhender les dommages causés par un algorithme autonome[235]. *Si un logiciel d'analyse juridique commet une erreur qui entraîne un préjudice pour le client, qui est responsable ?*[236] *Le concepteur de l'IA, l'avocat qui l'a utilisée sans la supervision adéquate, ou le cabinet qui l'a déployée sans former suffisamment ses collaborateurs ?*[237]

- **Le cadre européen de référence : *l'AI Act* :** Une proposition de loi moderne doit aborder cette complexité[238]. S'inspirant de cadres comme *l'AI Act* européen, il pourrait instaurer un régime de responsabilité partagée[239]. L'AI Act classifie les systèmes d'IA par niveau de risque et impose des obligations strictes aux concepteurs et aux utilisateurs de systèmes à haut risque, comme ceux utilisés dans le domaine de la justice[240]. Une législation congolaise pourrait ainsi exiger des fournisseurs de *Legaltech* une transparence accrue sur le fonctionnement de leurs algorithmes et imposer aux avocats une obligation de diligence renforcée dans le choix et l'utilisation de ces outils[241]. De plus, la proposition devrait s'assurer que les régimes d'assurance responsabilité civile professionnelle sont adaptés à ces nouveaux risques[242]. Les polices d'assurance doivent explicitement couvrir les dommages résultant de l'utilisation d'outils numériques et d'IA. L'absence d'un cadre clair sur la responsabilité et l'assurance créerait une insécurité juridique majeure, tant pour les avocats que pour leurs clients, et pourrait freiner l'adoption d'innovations pourtant bénéfiques pour l'efficience de la justice.

---

[235] Le droit traditionnel peine à appréhender les dommages causés par un algorithme autonome.

[236] La question de la responsabilité en cas d'erreur de l'IA est complexe et non résolue.

[237] Plusieurs acteurs peuvent être tenus responsables : le concepteur de l'IA, l'avocat utilisateur, ou le cabinet employeur.

[238] Un projet de loi moderne doit aborder la complexité de la responsabilité liée à l'IA.

[239] L'AI Act européen pourrait inspirer un régime de responsabilité partagée adapté au contexte congolais.

[240] Règlement (UE) 2024/1689 du Parlement européen et du Conseil du 13 juin 2024 établissant des règles harmonisées concernant l'intelligence artificielle (AI Act).

[241] Une législation moderne pourrait exiger des fournisseurs de Legaltech une transparence accrue et imposer aux avocats une obligation de diligence renforcée.

[242] Le projet devrait s'assurer que les régimes d'assurance responsabilité civile professionnelle sont adaptés aux nouveaux risques numériques.

- **Impact de l'IA sur la compétitivité nationale et la souveraineté professionnelle.** L'intégration de l'intelligence artificielle dans la pratique juridique n'est pas seulement une question d'efficacité individuelle des cabinets, *mais aussi un enjeu majeur de compétitivité nationale et de souveraineté professionnelle*[243]. Dans un contexte de mondialisation croissante des services juridiques, les cabinets d'avocats congolais doivent pouvoir rivaliser avec les cabinets internationaux qui utilisent massivement ces technologies pour offrir des services plus rapides, plus précis et souvent moins coûteux[244]. Sans encadrement législatif encourageant et facilitant l'adoption responsable de l'IA, les avocats congolais risquent d'être progressivement *marginalisés dans les dossiers transnationaux et les appels d'offres internationaux*, au profit de cabinets étrangers mieux équipés technologiquement[245]. Cette marginalisation pourrait avoir des conséquences graves ; non seulement une perte d'opportunités économiques pour les cabinets locaux, *mais aussi une érosion de la souveraineté juridique nationale*, les entreprises et institutions congolaises se tournant de plus en plus vers des conseils étrangers perçus comme plus modernes et performants[246].

La maîtrise de l'IA par les avocats congolais est donc un **levier de souveraineté professionnelle**[247]. Comme l'a souligné une analyse récente sur la sous-traitance minière en RDC, "l'intelligence artificielle n'est pas un luxe, mais un levier de souveraineté professionnelle et de compétitivité structurelle pour les avocats congolais"[248]. Un cabinet

---

[243] L'IA comme enjeu de compétitivité nationale pour les professions juridiques est un thème émergent dans la littérature. Voir : Sénat français, Rapport d'information n° 216 (2024-2025), "L'intelligence artificielle générative et les métiers du droit : agir plutôt que subir", décembre 2024.

[244] La mondialisation des services juridiques, notamment dans les secteurs comme le droit des affaires international et le droit minier, crée une concurrence directe entre cabinets de différents pays.

[245] La marginalisation des cabinets locaux moins équipés technologiquement dans les appels d'offres internationaux est documentée dans : Analyse sur la sous-traitance minière en RDC, "Sous-traitance minière et soumission aux appels d'offre des services juridiques par les avocats : Entre régulation, compétitivité et pourquoi pas opportunité?", Journée Scientifique du Barreau de la RDC, 2024.

[246] L'érosion de la souveraineté juridique nationale lorsque les entreprises locales se tournent vers des conseils étrangers est une préoccupation croissante dans plusieurs pays africains.

[247] Le concept de "souveraineté professionnelle" renvoie à la capacité des professionnels nationaux à maintenir leur rôle central et leur compétitivité face à la concurrence internationale.

[248] Citation tirée de : Analyse sur la sous-traitance minière en RDC, "La non-maîtrise de l'intelligence artificielle (IA) représente un double handicap pour les avocats congolais", Journée Scientifique du Barreau de la RDC, 2024, p. 15.

capable d'exploiter l'IA peut produire des offres plus structurées et personnalisées, analyser plus rapidement des cahiers des charges complexes, et proposer des livrables "augmentés" (tableaux de risques, rapports comparatifs, prévisions de délais) qui répondent aux attentes des clients modernes[249]. À l'inverse, un cabinet travaillant uniquement de façon manuelle aura non seulement des coûts de production plus élevés, mais surtout des délais de réaction moins compétitifs, deux éléments rédhibitoires dans les procédures modernes d'appels d'offres[250]. Cette dimension de *compétitivité nationale et de souveraineté professionnelle* mérite d'être pleinement intégrée dans la proposition de loi 2025, non pas pour imposer l'usage de l'IA, mais pour créer un cadre juridique et déontologique qui encourage son adoption responsable et éthique[251]. Cette réforme pourrait ainsi prévoir des dispositions encourageant la formation des avocats à ces outils, facilitant l'accès des cabinets congolais aux technologies de pointe (par exemple via des partenariats avec des *Legaltechs* locales ou internationales), et établissant des standards déontologiques clairs pour l'utilisation de l'IA qui rassurent les clients tout en protégeant les avocats contre les risques juridiques liés à ces technologies[252].

3. Cybersécurité et protection des données clients

La dématérialisation des dossiers et des communications expose les cabinets d'avocats à des risques de cyberattaques sans précédent. Les avocats détiennent des informations parmi les plus sensibles : *secrets d'affaires, données personnelles, stratégies judiciaires*. Une faille de sécurité peut avoir des conséquences dévastatrices, allant de la violation du secret professionnel

---

[249] Les "livrables augmentés" désignent des produits de travail enrichis par l'utilisation de l'IA : analyses de risques automatisées, tableaux comparatifs générés à partir de grandes bases de données, prévisions de délais basées sur l'analyse de dossiers similaires, etc.
[250] Les délais de réaction dans les procédures d'appels d'offres sont souvent très courts (quelques jours à quelques semaines), ce qui désavantage les cabinets travaillant uniquement manuellement.
[251] L'encadrement juridique et déontologique de l'IA ne doit pas être perçu comme une contrainte, mais comme un facilitateur permettant aux avocats d'adopter ces outils en toute sécurité juridique.
[252] Les partenariats entre barreaux et Legaltechs pour faciliter l'accès des cabinets locaux aux technologies de pointe existent déjà dans plusieurs pays. Voir par exemple le partenariat entre le Barreau de Paris et plusieurs startups françaises de LegalTech.

à des pertes financières considérables et une atteinte irréparable à la réputation[253].

- **État des lieux de la proposition de 2025 :** Comme analysé précédemment, la proposition de loi fait l'impasse totale sur les enjeux de cybersécurité et de protection des données[254]. À une époque où les cabinets d'avocats sont des cibles privilégiées pour les cyberattaques, le texte n'impose aucune obligation de sécurité, ne définit aucune norme de protection et ne prévoit aucune sanction en cas de négligence[255].

- **Ce qu'une reforme moderne devrait prévoir :** Une proposition de loi pour 2025 doit ériger la cybersécurité en obligation professionnelle fondamentale[256]. Il devrait imposer aux avocats et aux cabinets la mise en place de mesures techniques et organisationnelles robustes pour garantir la sécurité des données de leurs clients[257]. En s'inspirant de standards internationaux comme le Règlement Général sur la Protection des Données (RGPD) européen, la loi pourrait définir des obligations précises[258] : *chiffrement des données au repos et en transit, contrôles d'accès stricts avec authentification multi-facteurs, tenue d'un registre des traitements de données, et mise en place d'un plan de réponse aux incidents.* La loi devrait également consacrer le principe de "minimisation des données", selon lequel les avocats ne doivent collecter que les informations strictement nécessaires à la défense des intérêts de leurs clients[259]. Enfin, la formation continue des avocats et de leur personnel aux risques cybernétiques devrait devenir une obligation déontologique. *Une législation qui omettrait de traiter de la cybersécurité serait en décalage complet avec les réalités d'une profession numérisée et laisserait les justiciables exposés à des risques inacceptables.*

---

[253] Une faille de sécurité peut avoir des conséquences dévastatrices, de la violation du secret professionnel aux pertes financières.

[254] Le projet de loi 2025 fait l'impasse totale sur les enjeux de cybersécurité et de protection des données.

[255] Le texte n'impose aucune obligation de sécurité, ne définit aucune norme de protection et ne prévoit aucune sanction en cas de négligence.

[256] Un projet moderne doit ériger la cybersécurité en obligation professionnelle fondamentale.

[257] Des mesures techniques et organisationnelles robustes doivent être imposées pour garantir la sécurité des données clients.

[258] Règlement (UE) 2016/679 du Parlement européen et du Conseil du 27 avril 2016 relatif à la protection des personnes physiques à l'égard du traitement des données à caractère personnel (RGPD).

[259] Le principe de 'minimisation des données' impose de ne collecter que les informations strictement nécessaires.

B. La modernisation du cadre éthique et déontologique

Les principes déontologiques qui fondent la profession d'avocat – dignité, conscience, indépendance, probité et humanité – sont intemporels[260]. Cependant, *leur application doit être adaptée aux nouveaux modes de communication et d'exercice*[261].

1. Déontologie numérique et utilisation des Réseaux Sociaux

Les avocats utilisent de plus en plus les réseaux sociaux pour communiquer, partager leur expertise et développer leur visibilité. Cette pratique, si elle peut contribuer à démystifier le droit, n'est pas sans risque.

- **État des lieux du projet 2025 :** La proposition de loi de 2025 maintient une approche restrictive héritée de 1979, interdisant en principe toute publicité, sauf *"ce qui est strictement nécessaire pour l'information du public"* (article 63, point 7)[262]. Cette formulation vague ne distingue pas entre publicité commerciale et communication informative, et ignore totalement les réalités du marketing digital et des réseaux sociaux[263].

  Ce qu'une reforme moderne devrait prévoir : Une proposition de loi moderne doit intégrer des dispositions spécifiques à la communication numérique des avocats[264]. La législation doit réaffirmer que les principes déontologiques s'appliquent avec la même rigueur dans l'espace numérique que dans le monde physique[265]. Les réglementations internationales, comme celles édictées par les barreaux français et québécois, fournissent des lignes directrices claires[266]. La loi devrait interdire toute publicité comparative ou dénigrante, ainsi que la publication de témoignages de clients. Elle doit exiger que l'avocat

---

[260] Les principes déontologiques fondamentaux (dignité, conscience, indépendance, probité, humanité) sont intemporels.

[261] L'application des principes déontologiques doit être adaptée aux nouveaux modes de communication et d'exercice.

[262] Proposition de loi 2025, art. 63, point 7 : interdiction de principe de la publicité sauf 'ce qui est strictement nécessaire pour l'information du public'.

[263] Cette formulation vague ne distingue pas entre publicité commerciale et communication informative, et ignore le marketing digital.

[264] Une proposition de loi moderne doit intégrer des dispositions spécifiques à la communication numérique des avocats.

[265] Les principes déontologiques s'appliquent avec la même rigueur dans l'espace numérique que dans le monde physique.

[266] Les barreaux français et québécois ont édicté des lignes directrices claires pour la communication numérique des avocats.

s'identifie clairement en tant que tel et indique son barreau d'appartenance dans ses communications numériques. Le plus grand danger réside dans la violation du secret professionnel via les réseaux sociaux. Un simple commentaire sur une affaire en cours, même sans nommer le client, peut constituer une violation du secret professionnel. La loi doit donc imposer une prudence et une modération extrêmes[267]. Elle pourrait également recommander une séparation claire entre les profils personnels et professionnels pour éviter toute confusion.

Encadrer l'usage des réseaux sociaux n'est pas une entrave à la liberté d'expression, mais une nécessité pour préserver la confiance du public et la dignité de la profession[268]. Ne pas le faire exposerait la profession à des dérives susceptibles de nuire à son image et de violer les droits des justiciables[269].

2. *Évolution des obligations en matière de lutte contre le blanchiment d'argent (LCB-FT)*

La profession d'avocat est en première ligne dans la lutte contre le blanchiment de capitaux et le financement du terrorisme (LCB-FT)[270]. Les standards internationaux, portés notamment par le Groupe d'Action Financière (GAFI) et les directives européennes, imposent aux avocats des obligations de vigilance de plus en plus strictes[271].

- **État des lieux en RDC :** La loi n°22/068 de 2022 relative à la lutte contre le blanchiment de capitaux et le financement du terrorisme *impose aux avocats des obligations de déclaration de soupçon qui entrent en tension directe avec le secret professionnel*[272]. La proposition de loi 2025 ne résout pas cette contradiction et ne prévoit

---

[267] La loi doit imposer prudence et modération extrêmes dans l'utilisation des réseaux sociaux par les avocats.

[268] Encadrer l'usage des réseaux sociaux est une nécessité pour préserver la confiance du public et la dignité de la profession.

[269] L'absence d'encadrement exposerait la profession à des dérives susceptibles de nuire à son image et de violer les droits des justiciables.

[270] La profession d'avocat est en première ligne dans la lutte contre le blanchiment de capitaux et le financement du terrorisme.

[271] Groupe d'Action Financière (GAFI), Recommandations du GAFI, Standards internationaux sur la lutte contre le blanchiment de capitaux et le financement du terrorisme et de la prolifération, mise à jour février 2023.

[272] Loi n°22/068 du 27 décembre 2022 relative à la lutte contre le blanchiment de capitaux et le financement du terrorisme.

aucun mécanisme de protection comme le *"filtre du bâtonnier"* existant en Europe[273].

- **Ce qu'une reforme moderne devrait prévoir :** Une proposition de loi pour 2025 en RDC doit impérativement intégrer et renforcer ces obligations pour se conformer aux exigences internationales et éviter que le pays ne soit perçu comme une juridiction à risque[274]. La loi doit clairement définir le périmètre des activités pour lesquelles les avocats sont assujettis à ces obligations, notamment lorsqu'ils participent à des transactions financières ou immobilières, gèrent des fonds pour leurs clients ou créent des sociétés[275]. Les obligations clés à inscrire dans la loi incluent[276] : *l'identification rigoureuse du client et du bénéficiaire effectif de l'opération (KYC - Know Your Client), l'évaluation des risques de blanchiment en fonction du client, de la nature de l'affaire et de la zone géographique, et une surveillance continue de la relation d'affaires*[277].

- **Le modèle du "filtre du bâtonnier" :** La loi doit également formaliser l'obligation de déclaration de soupçon[278]. Le modèle français, qui instaure un filtre par le Bâtonnier de l'Ordre, représente une bonne pratique à considérer[279]. Ce mécanisme permet de concilier l'obligation de déclaration avec le respect du secret professionnel : l'avocat transmet son soupçon au Bâtonnier, qui, après vérification, le transmet à l'unité de renseignement financier (TRACFIN en France)[280]. Un tel système de "self-régulation" renforce la crédibilité de la profession tout en la protégeant[281]. La loi doit enfin prévoir des sanctions

---

[273] La proposition de loi 2025 ne résout pas la contradiction entre secret professionnel et obligations LCB-FT.

[274] Un projet de loi moderne doit intégrer et renforcer les obligations LCB-FT pour se conformer aux exigences internationales.

[275] La loi doit clairement définir le périmètre des activités pour lesquelles les avocats sont assujettis aux obligations LCB-FT.

[276] Les obligations clés incluent l'identification du client, l'évaluation des risques et la surveillance continue.

[277] Le *'Know Your Client'* (KYC) est une obligation fondamentale de la lutte contre le blanchiment.

[278] La loi doit formaliser l'obligation de déclaration de soupçon tout en protégeant le secret professionnel.

[279] Le modèle français du 'filtre du bâtonnier' représente une bonne pratique à considérer.

[280] Le filtre du bâtonnier permet de concilier l'obligation de déclaration avec le respect du secret professionnel : l'avocat transmet son soupçon au Bâtonnier, qui le transmet à l'unité de renseignement financier après vérification.

[281] Un système de 'self-régulation' via le bâtonnier renforce la crédibilité de la profession tout en la protégeant.

administratives et pénales dissuasives en cas de manquement à ces obligations[282]. Une législation lacunaire sur la LCB-FT exposerait non seulement les avocats à des risques de complicité, mais aussi l'ensemble du système financier du pays à de graves sanctions internationales[283].

3. Participation aux Appels d'Offres et adaptation aux réalités du marché

La profession d'avocat en RDC connaît une mutation profonde de son environnement économique. Le marché des services juridiques est passé d'un "marché de l'offre", où l'avocat proposait ses services sur la base de sa réputation, à un "marché de la demande", où le client organise la mise en concurrence des cabinets à travers des procédures formalisées. Cette évolution, observée à l'échelle mondiale, gagne progressivement du terrain en RDC, particulièrement dans le secteur minier où les appels d'offres pour services juridiques sont devenus courants.

Cette évolution a été accélérée en RDC par l'adoption de la Loi n°17/001 du 8 février 2017 relative à la sous-traitance dans le secteur privé, qui impose aux sociétés minières de recourir à des sous-traitants locaux congolais pour leurs activités non essentielles. Cette loi, conçue pour favoriser l'émergence d'une classe moyenne congolaise et développer l'expertise nationale, représente une opportunité économique majeure pour les avocats congolais. En effet, pour pousser la logique au bout, les services juridiques fournis aux sociétés devraient désormais être confiés à des cabinets locaux. De plus, au-delà d'un seuil de 100 millions de francs congolais, la loi exige que le contrat de sous-traitance fasse l'objet d'un appel d'offres public, plaçant ainsi les avocats face à une problématique déontologique inédite.

Cette évolution du marché entre cependant en collision frontale avec l'article 73 de l'Ordonnance-loi de 1979, qui interdit formellement le démarchage de clientèle. Selon l'interprétation traditionnelle de cette disposition, répondre à un appel d'offres pourrait s'apparenter à une forme de démarchage déguisé, donc prohibé. L'avocat qui postule sur un marché manifeste explicitement son désir d'être choisi par le client, ce qui rompt avec la règle déontologique classique selon laquelle l'avocat ne doit pas offrir ses services de façon proactive, mais attendre d'être sollicité sur la base de sa réputation. Cette

---

[282] La loi doit prévoir des sanctions administratives et pénales dissuasives en cas de manquement aux obligations LCB-FT.
[283] Une législation lacunaire sur la LCB-FT exposerait le système financier du pays à de graves sanctions internationales.

interprétation stricte, si elle devait prévaloir, rendrait impossible toute participation des avocats aux appels d'offres, les excluant ainsi de segments entiers du marché des services juridiques.

Face à ce dilemme, une piste de conciliation mérite d'être explorée : celle consistant à distinguer le démarchage actif, véritablement prohibé, de la réponse à une sollicitation externe initiée par le client. Si c'est le client (entreprise ou autorité) qui publie l'appel d'offres et invite des cabinets à concourir, l'avocat ne fait que répondre à une sollicitation externe et ne viole donc pas l'interdiction du démarchage. En revanche, le démarchage resterait prohibé si l'initiative vient de l'avocat lui-même (par exemple, proposer spontanément un contrat d'abonnement à une société). Cette distinction, déjà appliquée dans certains barreaux, pourrait être intégrée dans le Règlement Intérieur ou via une directive de l'Ordre National, sécurisant ainsi les avocats désireux de participer à des appels d'offres ouverts ou restreints sans craindre de sanction disciplinaire.

Au-delà de l'adaptation déontologique, l'expérience comparée suggère que les procédures dites "négociées" ou les appels d'offres restreints sont plus appropriés pour les prestations intellectuelles complexes, en particulier juridiques. Plutôt qu'un appel d'offres ouvert classique où la compétition se fait d'emblée sur le prix, il serait préférable qu'une présélection sur qualifications identifie quelques cabinets possédant les compétences requises, suivie d'une consultation restreinte de ces cabinets avec possibilité de négocier les termes de l'offre. Cette procédure négociée permet de tenir compte de *l'intuitu personae* (le client peut rencontrer les avocats finalistes et apprécier leur compréhension du besoin), d'assurer la confidentialité (moins de diffusion d'information sensible), et de trouver un juste tarif par la discussion plutôt que par la seule compétition de chiffres. La proposition de loi pourrait encourager ce type de procédures pour les marchés de services juridiques, en concertation avec l'Autorité de Régulation de la Sous-Traitance dans le Secteur Privé (ARSP).

Cette adaptation déontologique et procédurale permettrait aux avocats congolais de saisir les opportunités économiques créées par la loi de 2017, tout en préservant les principes fondamentaux de la profession que sont l'indépendance, la dignité et le secret professionnel. Elle témoignerait également d'une conception moderne et réaliste de la déontologie, qui ne fige pas la profession dans des principes anachroniques mais les adapte intelligemment aux évolutions du marché et aux besoins économiques du pays.

C. La dimension humaine de la profession moderne

Une profession moderne ne se définit pas seulement par ses outils et ses règles, mais aussi par l'attention qu'elle porte à ceux qui la composent[284]. Les standards internationaux montrent une prise de conscience croissante de l'importance du bien-être des avocats et de la promotion de la diversité au sein de la profession[285].

1. Promotion de la diversité, de l'équité et de l'inclusion

Une justice crédible et légitime doit refléter la société qu'elle sert[286]. La promotion de la diversité et de l'inclusion au sein de la profession d'avocat est donc un enjeu majeur[287]. Des études internationales montrent que 72% des professionnels du droit considèrent la promotion de la diversité, de l'équité et de l'inclusion (DEI) comme essentielle[288].

- **État des lieux du projet 2025 :** La proposition de loi 2025 ne contient aucune disposition spécifique sur la promotion de la diversité, de l'équité et de l'inclusion au sein de la profession[289].

- **Ce qu'une reforme moderne devrait prévoir :** Une proposition de loi pour 2025 devrait faire de la non-discrimination un principe fondamental de la déontologie de l'avocat, comme l'ont fait récemment les barreaux en France et en Belgique[290]. La loi pourrait aller plus loin en incitant les Ordres professionnels à adopter des plans d'action concrets[291]. Ces plans, à l'instar de ceux du Barreau du Québec ou du Conseil National des Barreaux en France, peuvent inclure des mesures pour lutter contre le harcèlement et les discriminations, promouvoir l'égalité salariale, garantir l'accessibilité de la profession aux

---

[284] Une profession moderne se définit aussi par l'attention portée au bien-être de ceux qui la composent.

[285] Les standards internationaux montrent une prise de conscience croissante de l'importance du bien-être et de la diversité.

[286] Une justice crédible et légitime doit refléter la société qu'elle sert.

[287] La promotion de la diversité et de l'inclusion au sein de la profession d'avocat est un enjeu majeur.

[288] Des études internationales montrent que 72% des professionnels du droit considèrent la promotion de la diversité, de l'équité et de l'inclusion (DEI) comme essentielle.

[289] Le projet de loi 2025 ne contient aucune disposition spécifique sur la promotion de la diversité et de l'inclusion.

[290] Des barreaux en France et en Belgique ont récemment fait de la non-discrimination un principe fondamental de la déontologie.

[291] Les Ordres professionnels devraient être incités à adopter des plans d'action concrets pour la DEI.

personnes en situation de handicap, et assurer une représentation équilibrée des genres et des origines culturelles dans les instances dirigeantes de la profession[292]. La loi pourrait également encourager la collecte de données sociologiques sur la profession afin d'identifier les freins à la carrière de certains groupes et de mesurer l'efficacité des politiques mises en place[293]. Ignorer la question de la diversité, c'est risquer de perpétuer une profession homogène, déconnectée des réalités sociales, et de se priver de talents précieux[294]. C'est un enjeu d'attractivité et de performance pour la profession, mais aussi de confiance pour les justiciables[295].

2. Prise en compte de la santé mentale et du Bien-être des Avocats : Un enjeu de santé publique professionnelle

La profession d'avocat est l'une des plus exposées au stress, à l'épuisement professionnel *(burnout)* et à la détresse psychologique[296]. La charge de travail, la pression des responsabilités, la confrontation à la souffrance humaine et la difficulté à équilibrer vie professionnelle et vie personnelle créent un cocktail toxique[297]. Pourtant, derrière l'image prestigieuse de la robe se cache souvent une réalité méconnue et préoccupante : une crise silencieuse de santé mentale qui touche les professionnels du droit de manière disproportionnée[298].

A. Statistiques alarmantes sur l'ampleur de la crise

Des études récentes menées en Amérique du Nord, en Europe et en Australie révèlent des chiffres alarmants qui devraient sonner comme un signal

---

[292] Les plans DEI peuvent inclure des mesures contre le harcèlement, pour l'égalité salariale, l'accessibilité aux personnes handicapées, et la représentation équilibrée.

[293] La collecte de données sociologiques permettrait d'identifier les freins à la carrière de certains groupes.

[294] Ignorer la diversité risque de perpétuer une profession homogène et déconnectée des réalités sociales.

[295] La diversité est un enjeu d'attractivité et de performance pour la profession, et de confiance pour les justiciables.

[296] La profession d'avocat est l'une des plus exposées au stress, à l'épuisement professionnel et à la détresse psychologique.

[297] La charge de travail, la pression et la difficulté à équilibrer vie professionnelle et personnelle créent un environnement toxique.

[298] L'expression "crise silencieuse" traduit le fait que la souffrance psychologique des avocats reste souvent invisible et non dite, malgré son ampleur.

d'alarme pour toute la profession[299]. Environ 28% des avocats souffrent de symptômes dépressifs, un taux près de trois fois supérieur à celui de la population générale (environ 10%)[300]. Cette surreprésentation massive de la dépression dans la profession juridique n'est pas un hasard, mais le symptôme d'une profession structurellement exposée à des facteurs de risque psychosociaux majeurs[301]. L'anxiété touche également la profession de manière disproportionnée : 19% des avocats présentent des symptômes d'anxiété sévère, se manifestant par une inquiétude constante, des crises d'angoisse, et une incapacité à se détendre même en dehors du travail[302]. Les problèmes liés à la consommation d'alcool et d'autres substances sont également prévalents, avec 21% des avocats rapportant une consommation problématique d'alcool, souvent utilisé comme mécanisme d'adaptation dysfonctionnel au stress chronique[303].

Plus alarmant encore, 11,5% des avocats ont eu des pensées suicidaires au cours de l'année écoulée, un chiffre qui devrait interpeller toute la profession et les instances ordinales[304]. Ces pensées suicidaires sont souvent le résultat d'un épuisement émotionnel prolongé, d'un sentiment d'impuissance face aux pressions professionnelles, et d'un isolement qui empêche les avocats de demander de l'aide[305]. Enfin, les taux de *burn-out* professionnel sont également élevés, avec environ 40% des avocats déclarant ressentir une

---

[299] Des études récentes au Canada et en France révèlent des niveaux de stress alarmants chez les avocats.
[300] American Bar Association & Hazelden Betty Ford Foundation, *The Prevalence of Substance Use and Other Mental Health Concerns Among American Attorneys*, Journal of Addiction Medicine, vol. 10, n° 1, 2016, p. 46-52.
[301] La surreprésentation massive de la dépression dans la profession juridique (28% contre 10% dans la population générale) indique des facteurs structurels liés à la profession elle-même.
[302] Les symptômes d'anxiété sévère incluent : inquiétude constante et excessive, difficulté à contrôler les pensées anxieuses, symptômes physiques (tensions musculaires, troubles du sommeil, fatigue), et interférence significative avec le fonctionnement professionnel et personnel.
[303] La consommation problématique d'alcool comme mécanisme d'adaptation au stress chronique est une réalité documentée dans plusieurs études sur la santé mentale des avocats.
[304] Ce chiffre de 11,5% est issu de l'étude de l'American Bar Association de 2016, qui a interrogé près de 13 000 avocats américains. Des taux similaires ont été observés dans d'autres pays occidentaux.
[305] Le suicide chez les avocats est souvent le résultat d'une accumulation de facteurs : épuisement professionnel chronique, isolement social, difficultés à demander de l'aide en raison de la stigmatisation, et accès facile à des moyens létaux.

détresse mentale significative caractérisée par un épuisement émotionnel, un cynisme vis-à-vis du travail, et une perte d'accomplissement personnel[306].

Ces statistiques, loin d'être de simples chiffres abstraits, révèlent *une crise silencieuse au sein de la profession, qui a des conséquences graves non seulement pour le bien-être des avocats eux-mêmes, mais aussi pour la qualité des services juridiques rendus aux justiciables et pour la pérennité même de la profession*[307].

B. Risques psychosociaux spécifiques à la profession d'Avocat

Les avocats sont exposés à un ensemble de risques psychosociaux (RPS) qui expliquent en grande partie ces statistiques alarmantes[308]. Ces risques sont multiples, souvent interconnectés, et créent un environnement professionnel particulièrement stressant[309].

- Le stress chronique se caractérise par une exposition prolongée à des niveaux élevés de stress, sans période adéquate de récupération[310]. Dans les cabinets d'avocats, ce stress chronique est souvent alimenté *par des charges de travail excessives, des délais serrés et souvent irréalistes, et une pression constante pour obtenir des résultats*[311]. Les avocats portent sur leurs épaules la responsabilité lourde de protéger la liberté, le patrimoine, voire la vie de leurs clients, ce qui crée une pression psychologique intense[312]. De plus, la culture du présentéisme – l'idée qu'un bon avocat doit être disponible à tout moment et

---

[306] Le burn-out professionnel, reconnu par l'Organisation Mondiale de la Santé comme un "phénomène lié au travail" dans la CIM-11, se caractérise par trois dimensions : épuisement émotionnel, cynisme/dépersonnalisation, et perte d'accomplissement personnel.
[307] L'expression "crise silencieuse" est utilisée dans plusieurs rapports professionnels, notamment : Conseil National des Barreaux (France), Résolution "Bien-être avocat et bien-être de l'avocat : vers un nouveau paradigme", décembre 2023.
[308] Le projet de loi 2025 reste silencieux sur la santé mentale et le bien-être des avocats.
[309] L'interconnexion des risques psychosociaux signifie qu'ils se renforcent mutuellement : le stress chronique peut conduire au burn-out, qui lui-même peut favoriser l'isolement et la dépression.
[310] Le stress chronique se distingue du stress aigu (ponctuel et adaptatif) par sa durée prolongée et l'absence de périodes de récupération suffisantes, conduisant à un épuisement des ressources d'adaptation de l'organisme.
[311] Berbra, Karim (avocat), *Étude sur les risques psychosociaux au Barreau de Rouen*, 2024. Cette étude, menée auprès de plus de 230 avocats, a identifié la surcharge de travail comme le premier facteur de risque psychosocial.
[312] La responsabilité lourde portée par les avocats (la liberté, le patrimoine, voire la vie des clients sont en jeu) crée une pression psychologique intense, souvent sous-estimée par les non-professionnels.

travailler de longues heures – exacerbe ce stress chronique[313]. Les conséquences sur la santé sont multiples : détresse émotionnelle constante, anxiété accrue, irritabilité, diminution de la concentration, baisse de la satisfaction professionnelle, maux de tête fréquents, troubles digestifs, fatigue chronique, problèmes de sommeil, et affaiblissement du système immunitaire[314].

- L'épuisement professionnel, ou *burn-out*, est un syndrome résultant d'un investissement prolongé dans des situations de travail exigeantes sur le plan émotionnel[315]. Il se manifeste par trois dimensions principales : l'épuisement émotionnel (une fatigue extrême due à une exposition continue aux facteurs de risque), le cynisme vis-à-vis du travail (une attitude négative, dure et détachée envers les clients et le travail lui-même), et la diminution de l'accomplissement personnel (sentiment de ne plus s'épanouir au travail, dévalorisation de soi, impression d'inefficacité)[316]. Les conséquences du burn-out vont bien au-delà du simple inconfort personnel : elles incluent des erreurs professionnelles (dues à la diminution de la concentration et du jugement), de la négligence dans le traitement des dossiers, et même l'abandon de la profession par des avocats talentueux qui ne peuvent plus supporter la pression[317]. Ces conséquences ont un impact direct sur la qualité de la justice rendue et sur la confiance du public dans la profession[318].

---

[313] La culture du présentéisme dans la profession juridique (l'idée qu'un bon avocat doit être disponible à tout moment et travailler de longues heures) est un facteur aggravant du stress chronique. Voir : Pamplemousse Magazine, *Les 10 principales sources de stress pour les avocats*, 2023.

[314] Les conséquences du stress chronique sur la santé sont documentées par une vaste littérature médicale. Voir notamment : Selye, Hans, *The Stress of Life*, New York, McGraw-Hill, 1956 ; McEwen, Bruce S., "Stress, Adaptation, and Disease", Annals of the New York Academy of Sciences, vol. 840, 1998, p. 33-44.

[315] Un projet de loi visionnaire ne peut faire l'économie de la question de la santé mentale.

[316] Les trois dimensions du burn-out (épuisement émotionnel, cynisme, perte d'accomplissement) constituent le modèle de Maslach, largement validé par la recherche internationale. L'Organisation Mondiale de la Santé a intégré ce modèle dans la Classification Internationale des Maladies (CIM-11) en 2019.

[317] Les conséquences professionnelles du burn-out incluent : augmentation des erreurs médicales et juridiques, négligence dans le traitement des dossiers, absentéisme accru, et turnover élevé. Voir : Dyrbye, Liselotte N., et al., "Burnout Among Health Care Professionals", Mayo Clinic Proceedings, vol. 92, n° 9, 2017, p. 1528-1537.

[318] L'impact du burn-out des avocats sur la qualité de la justice rendue est une préoccupation croissante pour les instances ordinales. Voir : International Bar Association, *Mental Wellbeing in the Legal Profession*, Rapport global, 2021.

- Le stress vicariant, également appelé traumatisme secondaire, constitue une forme d'usure psychologique souvent méconnue mais particulièrement insidieuse[319]. Il résulte de l'exposition répétée aux traumatismes vécus par les clients, qui finit par "contaminer" l'avocat lui-même[320]. Ce phénomène touche particulièrement les avocats exerçant en droit pénal (confrontés à des preuves graphiques, à des récits de violences extrêmes), en droit de la famille (exposés aux conflits conjugaux, violences domestiques, audiences déchirantes sur la garde d'enfants), et en droits humains (traitant de cas de torture, de persécution, de crimes de masse)[321]. Une étude de référence menée en 2003 par Levin et Greisberg a révélé que *les avocats présentent des niveaux significativement plus élevés de stress traumatique secondaire et d'épuisement professionnel que les prestataires de soins de santé mentale et les travailleurs sociaux*[322]. Cette différence s'explique notamment par le fait que les avocats gèrent généralement un nombre beaucoup plus élevé de clients traumatisés (plus d'un avocat sur deux a pris en charge 21 clients traumatisés ou plus sur l'année) et par *l'absence quasi-totale de supervision clinique ou d'analyse des pratiques professionnelles dans les cabinets d'avocats, contrairement aux professions de soin*[323]. Le stress vicariant peut générer des symptômes similaires au syndrome de stress post-traumatique (PTSD) : intrusions de pensées relatives aux traumatismes des clients, cauchemars, évitement de certains types de dossiers, hypervigilance, et une fatigue émotionnelle profonde[324]. Sans reconnaissance et prise en charge appropriées, ce traumatisme

---

[319] La santé et le bien-être des avocats doivent être reconnus comme un enjeu de santé publique et de bonne administration de la justice.

[320] La "contamination" psychologique par les traumatismes des clients est un phénomène bien documenté chez les professionnels de l'aide (travailleurs sociaux, psychothérapeutes, etc.), mais longtemps ignoré chez les avocats.

[321] Les avocats en droit pénal sont particulièrement exposés à des éléments graphiques traumatisants (photos de scènes de crime, vidéos de violences, rapports d'autopsie détaillés) et à des récits directs de violences extrêmes de la part de victimes ou d'accusés.

[322] Levin, Andrew P., et Greisberg, Scott, "Vicarious Trauma in Attorneys", Pace Law Review, vol. 24, n° 1, 2003, p. 245-252. Cette étude pionnière a révélé que les avocats présentent des niveaux de stress traumatique secondaire significativement plus élevés que d'autres professionnels de l'aide.

[323] L'absence de supervision clinique ou d'analyse des pratiques professionnelles dans les cabinets d'avocats, contrairement aux professions de soin qui ont institutionnalisé ces pratiques, explique en grande partie la vulnérabilité accrue des avocats au stress vicariant.

[324] Les symptômes du stress vicariant peuvent inclure : intrusions de pensées ou images relatives aux traumatismes des clients, cauchemars, évitement de certains types de dossiers ou de situations rappelant les traumatismes, hypervigilance, irritabilité, et fatigue émotionnelle profonde.

secondaire peut conduire à un épuisement émotionnel sévère et à un détachement émotionnel préjudiciable à la relation avocat-client[325].

- De nombreux avocats exercent en solo ou dans de petits cabinets, ce qui peut créer un *isolement professionnel significatif*[326]. Cet isolement est renforcé par une culture professionnelle qui valorise la force, la résilience et l'invulnérabilité, rendant difficile pour les avocats d'admettre leurs difficultés et de demander de l'aide[327]. *La culture du "tout va bien" et la crainte du jugement des pairs contribuent à maintenir un tabou autour de la souffrance psychologique, empêchant les avocats en détresse de chercher le soutien dont ils ont besoin*[328].

C. *Recommandation pour la proposition de Loi 2025 : Une opportunité de Leadership*

- **État des lieux de la proposition 2025 :** Elle reste entièrement silencieuse sur la question de la santé mentale et du bien-être des avocats[329]. Cette omission est particulièrement regrettable compte tenu de l'ampleur de la crise documentée internationalement et de l'émergence de cette thématique comme priorité dans de nombreux barreaux à travers le monde[330].

- **Recommandation pour une réforme visionnaire :** L'intégration de dispositions spécifiques sur la santé mentale et le bien-être des avocats dans la reforme placerait la RDC à l'avant-garde des législations africaines sur le Barreau et démontrerait une vision moderne et

---

[325] Le traumatisme secondaire non reconnu et non traité peut conduire à un détachement émotionnel préjudiciable à la relation avocat-client, l'avocat développant des mécanismes de défense psychologique qui le coupent de l'empathie nécessaire pour comprendre pleinement la situation de son client.

[326] Les Ordres professionnels devraient être mandatés pour mettre en place des programmes de soutien psychologique.

[327] La culture de force et d'invulnérabilité dans la profession juridique est souvent décrite comme un obstacle majeur à la demande d'aide. Voir : Krill, Patrick R., et al., "The Prevalence of Substance Use and Other Mental Health Concerns Among American Attorneys", Journal of Addiction Medicine, 2016.

[328] Le tabou autour de la souffrance psychologique dans la profession est renforcé par la crainte d'être jugé incompétent, de perdre des clients, ou de subir des conséquences disciplinaires si l'on révèle ses difficultés psychologiques.

[329] La modernisation de la profession d'avocat n'est pas une fin en soi.

[330] L'omission de cette thématique est d'autant plus regrettable que des initiatives concrètes existent déjà dans plusieurs pays africains, notamment au sein de l'East Africa Law Society qui a organisé plusieurs webinaires sur le sujet en 2024-2025.

profondément humaine de la profession[331]. La reforme pourrait utilement prévoir les mesures suivantes[332] : - *La création obligatoire de comités bien-être au sein de chaque barreau, dotés d'un budget spécifique et d'une mission clairement définie de prévention et de soutien ; - L'intégration dans la formation continue obligatoire de modules sur la gestion du stress, la prévention du burn-out, et les compétences émotionnelles, avec un minimum d'heures annuelles dédiées à ces thématiques ; - L'encouragement ou l'obligation de supervision clinique pour les avocats exerçant dans des domaines particulièrement exposés aux traumatismes vicariants (droit pénal, droit de la famille, droits humains) ; - La garantie de confidentialité absolue pour toute consultation psychologique liée à l'exercice de la profession, avec des règles claires empêchant toute utilisation de ces consultations dans des procédures disciplinaires ; - La sensibilisation obligatoire aux enjeux de santé mentale, afin qu'ils puissent identifier les signaux faibles de détresse chez leurs confrères et orienter vers l'aide appropriée.*

En adoptant ces mesures, la proposition de loi 2025 reconnaîtrait que *prendre soin de la santé mentale des avocats n'est pas un luxe, mais une nécessité pour garantir une justice de qualité*[333]. Des avocats épuisés, stressés, ou en souffrance ne peuvent pas offrir à leurs clients le meilleur de leur expertise et de leur jugement[334]. La santé mentale des avocats est donc intimement liée à la qualité de la justice rendue et à la confiance du public dans l'institution judiciaire[335]. Ne pas adresser cette crise silencieuse, c'est accepter une dégradation de la qualité de la justice et une perte de capital humain insoutenable pour la profession[336]. À l'inverse, faire de la RDC un pionnier africain en matière de bien-être des avocats serait un signal fort envoyé à

---

[331] La modernisation doit servir un objectif supérieur : garantir un accès plus large et plus équitable à la justice.

[332] Ces mesures législatives s'inspirent des meilleures pratiques internationales tout en les adaptant au contexte congolais. Elles représentent un équilibre entre ambition et faisabilité.

[333] La digitalisation du système judiciaire, ou 'Justice Numérique', est une tendance mondiale.

[334] Un avocat en souffrance psychologique voit sa capacité de concentration, de jugement, d'empathie et de créativité diminuée, ce qui affecte directement la qualité du service rendu au client.

[335] La confiance du public dans la profession juridique et dans l'institution judiciaire est affectée lorsque des erreurs professionnelles ou des manquements déontologiques sont commis en raison de l'épuisement ou de la détresse des avocats.

[336] La perte de capital humain due à l'abandon de la profession par des avocats talentueux épuisés représente un coût important pour la profession et pour la société dans son ensemble.

toute la profession juridique du continent et contribuerait à attirer et retenir les meilleurs talents dans la profession[337].

D. L'amélioration de l'accès à la justice à l'ère numérique

La modernisation de la profession d'avocat n'est pas une fin en soi[338]. Elle doit servir un objectif supérieur : garantir un accès plus large et plus équitable à la justice pour tous les citoyens[339].

1. La promesse d'une justice numérique

La digitalisation du système judiciaire, souvent appelée "Justice Numérique", est une tendance mondiale[340]. L'expérience du Maroc, par exemple, montre comment la mise en place de plateformes en ligne peut transformer l'accès à la justice[341]. Ces plateformes permettent aux justiciables de consulter l'état d'avancement de leur dossier, de soumettre des pièces par voie électronique et d'interagir plus facilement avec le système judiciaire[342].

- **État des lieux :** La proposition de loi 2025, comme analysé dans la section II, ne contient pratiquement aucune disposition sur la dématérialisation des procédures ou la justice numérique[343].

- **Ce qu'une reforme moderne devrait prévoir :** Une proposition de loi pour 2025 devrait poser les bases d'une telle transformation en RDC[344]. Elle doit prévoir la dématérialisation des procédures, en garantissant leur fiabilité et leur sécurité juridique[345]. Cela implique de définir la valeur probante des documents et des signatures électroniques et d'assurer l'interopérabilité des systèmes entre les tribunaux, les avocats

---

[337] Les cabinets et barreaux qui investissent dans le bien-être de leurs membres constatent une amélioration de l'attractivité de la profession, une meilleure rétention des talents, et une performance globale accrue.

[338] La modernisation de la profession d'avocat n'est pas une fin en soi.

[339] La modernisation doit servir un objectif supérieur : garantir un accès plus large et plus équitable à la justice.

[340] La digitalisation du système judiciaire, ou 'Justice Numérique', est une tendance mondiale.

[341] L'expérience du Maroc montre comment les plateformes en ligne peuvent transformer l'accès à la justice.

[342] Les plateformes numériques permettent de consulter l'état des dossiers et de soumettre des pièces électroniquement.

[343] Le projet de loi 2025 ne contient pratiquement aucune disposition sur la dématérialisation ou la justice numérique.

[344] Un projet de loi moderne devrait poser les bases de la transformation numérique du système judiciaire.

[345] La loi doit prévoir la dématérialisation des procédures en garantissant leur fiabilité et leur sécurité juridique.

et les autres auxiliaires de justice[346]. Cependant, la loi doit veiller à ce que la numérisation ne crée pas une nouvelle "fracture numérique"[347]. Elle doit garantir un accès équitable pour tous les citoyens, y compris ceux qui vivent dans des zones reculées ou qui n'ont pas les compétences ou les moyens technologiques nécessaires[348]. La loi pourrait ainsi prévoir le maintien de guichets physiques ou la mise en place de points d'accès publics assistés[349]. L'objectif est de rendre la justice plus transparente, plus rapide et moins coûteuse, renforçant ainsi la confiance des citoyens dans l'institution judiciaire[350].

2. *Nouveaux modèles d'exercice et accessibilité des services juridiques*

La technologie, notamment via les *Legaltechs,* permet l'émergence de nouveaux modèles économiques pour la fourniture de services juridiques[351]. Des plateformes peuvent proposer des services standardisés (rédaction de contrats simples, aide à la création d'entreprise) à des tarifs beaucoup plus abordables que les cabinets traditionnels[352]. Cette évolution représente une opportunité majeure pour améliorer l'accès au droit pour les particuliers et les petites entreprises qui, souvent, renoncent à faire valoir leurs droits en raison du coût[353].

- **État des lieux :** La proposition de loi 2025 ne clarifie pas le statut de ces nouvelles plateformes ni les conditions dans lesquelles elles peuvent opérer[354].

- **Ce qu'une reforme moderne devrait prévoir :** Une proposition de loi moderne doit encadrer ces nouvelles offres de services pour encourager

---

[346] Cela implique de définir la valeur probante des documents et signatures électroniques et d'assurer l'interopérabilité des systèmes.

[347] La loi doit veiller à ce que la numérisation ne crée pas une nouvelle 'fracture numérique'.

[348] Un accès équitable doit être garanti pour tous, y compris ceux vivant dans des zones reculées ou sans compétences technologiques.

[349] Le maintien de guichets physiques ou la mise en place de points d'accès publics assistés pourrait être prévu.

[350] L'objectif est de rendre la justice plus transparente, plus rapide et moins coûteuse, renforçant la confiance des citoyens.

[351] Les Legaltechs permettent l'émergence de nouveaux modèles économiques pour la fourniture de services juridiques.

[352] Des plateformes peuvent proposer des services standardisés à des tarifs plus abordables.

[353] Cette évolution représente une opportunité pour améliorer l'accès au droit pour les particuliers et petites entreprises.

[354] Le projet de loi 2025 ne clarifie pas le statut de ces nouvelles plateformes ni leurs conditions d'opération.

l'innovation tout en protégeant le public[355]. La législation pourrait définir les types de services qui peuvent être automatisés et ceux qui nécessitent impérativement l'intervention et le conseil personnalisé d'un avocat[356]. Elle doit s'assurer que ces plateformes, même lorsqu'elles sont développées par des non-avocats, respectent des standards de qualité et de transparence, et ne tombent pas dans l'exercice illégal du droit[357]. En clarifiant les règles du jeu, la loi peut stimuler un marché de l'innovation juridique qui bénéficie à tous, en permettant aux avocats de se concentrer sur les dossiers complexes où leur expertise est irremplaçable, et en offrant aux justiciables des solutions accessibles pour leurs besoins juridiques plus simples[358].

---

[355] Un projet de loi moderne doit encadrer ces nouvelles offres pour encourager l'innovation tout en protégeant le public.
[356] La législation pourrait définir quels services peuvent être automatisés et lesquels nécessitent un avocat.
[357] Les plateformes doivent respecter des standards de qualité et ne pas tomber dans l'exercice illégal du droit.
[358] En clarifiant les règles, la loi peut stimuler un marché de l'innovation juridique bénéfique pour tous.

V. HONORAIRES DES AVOCATS : MODERNISATION ET ADAPTATION AUX RÉALITÉS ÉCONOMIQUES DU XXIe SIÈCLE

« L'argent c'est le nerf de la guerre » dit-on ! Et les avocats estiment que leur barème est dépassé. Cette observation, à la fois pragmatique et frappante, met en lumière une dimension essentielle mais souvent reléguée au second plan dans les réformes législatives sur le Barreau : celle de la viabilité économique de la profession d'avocat. Les honoraires ne constituent pas qu'une simple question d'argent, mais bien un enjeu fondamental qui conditionne la qualité des services juridiques rendus, l'attractivité de la profession pour les jeunes talents, l'accès à la justice pour les justiciables, et la modernisation de l'exercice professionnel.

La proposition de loi de 2025 consacre son Chapitre VII aux honoraires des avocats et aux finances des barreaux, témoignant ainsi d'une conscience de l'importance de cette dimension. Toutefois, face aux mutations économiques profondes que connaît la profession - inflation galopante, obsolescence des barèmes, émergence de nouveaux modes de tarification, impact révolutionnaire de l'intelligence artificielle sur la pratique juridique - cette section identifie des opportunités d'enrichissement substantielles qui permettraient de faire de cette réforme, une référence en matière de régulation moderne des honoraires d'avocats en Afrique francophone.

5.1. Comparaison des dispositions de 1979 et 2025 : Une évolution nécessaire mais perfectible

A. Le cadre normatif de l'Ordonnance-loi de 1979

L'Ordonnance-loi n°79-028 du 28 septembre 1979, texte fondateur de l'organisation du Barreau congolais, établit un système de barème pour la fixation des honoraires des avocats. Ce barème, conçu dans le contexte économique et monétaire de la fin des années 1970, visait à garantir une rémunération équitable des avocats tout en protégeant les justiciables contre des honoraires excessifs.

À l'époque de son adoption, ce système présentait une cohérence certaine ; il offrait une prévisibilité des coûts pour les justiciables, garantissait une rémunération minimale pour les avocats, et facilitait le règlement des contentieux d'honoraires par des critères objectifs. Cependant, près d'un demi-siècle plus tard, les limites de ce système sont devenues criantes.

B. L'obsolescence manifeste du barème actuel : Un constat partagé

L'obsolescence du barème établi il y a 46 ans constitue aujourd'hui un constat partagé par l'ensemble des acteurs de la profession. Les réalités économiques de 2025 n'ont plus rien de commun avec celles de 1979 :

- **L'inflation cumulée**, tant en termes nominaux que réels, a rendu les montants du barème de 1979 dérisoires. Les valeurs monétaires d'il y a près d'un demi-siècle ne correspondent plus aux coûts réels de l'exercice de la profession : loyers des cabinets, salaires du personnel, équipements technologiques, abonnements aux bases de données juridiques, frais de déplacement, et charges sociales ont connu une croissance exponentielle.

- **La complexification des dossiers juridiques** a également considérablement augmenté la charge de travail des avocats. L'évolution rapide du droit, émergence de nouvelles branches comme le droit du numérique, le droit de la protection des données, le droit de la concurrence, le droit des investissements internationaux , exige des avocats une formation continue coûteuse et un investissement intellectuel accru.

- **Les standards internationaux** ont également évolué. Les cabinets congolais qui souhaitent concurrencer les cabinets internationaux ou attirer des clients institutionnels doivent aligner leurs pratiques sur les standards mondiaux, ce qui nécessite des investissements substantiels en formation, en technologie, et en infrastructure.

Cette obsolescence a des conséquences concrètes et préoccupantes : difficulté pour les avocats à vivre dignement de leur profession, risque de baisse de qualité des services par manque de ressources, tentation de pratiques non conformes pour compléter des revenus insuffisants, et difficulté d'attirer les jeunes talents vers une profession perçue comme économiquement précaire.

C. Les apports de la proposition de loi 2025 : Des avancées à saluer

La reforme sous étude témoigne d'une prise de conscience de l'importance de la question des honoraires, notamment par :

1. **La consécration d'un chapitre dédié** (Chapitre VII) aux honoraires des avocats et aux finances des barreaux, donnant ainsi une visibilité législative à cette dimension essentielle.

2. **L'innovation majeure de l'aide judiciaire financée par l'État** (article 4), qui prévoit la prise en charge des frais et honoraires d'avocats commis d'office conformément à un barème fixé de commun accord entre le ministre de la Justice et le Conseil national de l'ordre. Cette disposition constitue une avancée historique qui reconnaît le droit des avocats à être rémunérés pour leur travail, même lorsqu'ils défendent des personnes indigentes500.

3. **La reconnaissance de la diversité des modes d'exercice** (Chapitre VI), qui ouvre la voie à des modèles économiques variés (exercice individuel, en association, en collaboration) susceptibles d'influencer les structures de tarification.

Ces apports méritent d'être salués comme des progrès significatifs par rapport au cadre de 1979. Ils témoignent d'une sensibilité aux enjeux économiques de la profession et d'une volonté de modernisation.

D. Opportunités d'enrichissement identifiées

Toutefois, la proposition pourrait être substantiellement enrichi sur plusieurs dimensions :

- **Mécanisme de révision périodique du barème** : La proposition gagnerait à prévoir explicitement un mécanisme de révision automatique et périodique du barème (par exemple, tous les cinq ans) pour éviter que le nouveau barème ne connaisse le même sort que celui de 1979. Cette révision pourrait être indexée sur l'inflation, sur l'évolution du coût de la vie, ou sur d'autres indicateurs économiques pertinents.

- **Reconnaissance explicite de la diversité des modes de tarification** : La reforme pourrait clarifier et encadrer les différents modes de tarification admis (honoraires au forfait, honoraires proportionnels, honoraires horaires, honoraires de résultat, honoraires mixtes), en définissant les conditions et limites déontologiques de chacun.

- **Transparence et obligation de convention d'honoraires écrite** : La proposition gagnerait à rendre obligatoire la convention d'honoraires écrite entre l'avocat et son client, précisant le mode de calcul des honoraires, les prestations couvertes, et les modalités de révision. Cette transparence protégerait à la fois les avocats et les clients.

5.2. Modes de tarification : Diversité et modernisation pour une profession adaptée aux réalités contemporaines

La diversité des modes de tarification constitue une caractéristique des barreaux modernes, permettant d'adapter la rémunération des avocats à la nature des dossiers, aux besoins des clients, et aux spécificités de chaque pratique. L'examen des pratiques internationales révèle une palette étendue de modèles, chacun présentant des avantages et des limites spécifiques.

A. Honoraires au forfait : Prévisibilité et simplicité

Les **honoraires au forfait** consistent en un montant fixe convenu à l'avance pour une prestation définie. Ce mode est particulièrement adapté aux prestations standardisées et prévisibles : rédaction d'un contrat type, création d'une société, divorce par consentement mutuel, demande d'autorisation administrative. **Avantages** : Prévisibilité totale pour le client, simplicité de facturation, incitation pour l'avocat à l'efficacité, clarté de la relation contractuelle. **Inconvénients** : Risque financier pour l'avocat si le dossier se complexifie au-delà des prévisions initiales, difficulté d'établir un forfait juste pour des dossiers aux contours incertains, nécessité de définir précisément le périmètre des prestations couvertes pour éviter les contentieux.

B. Honoraires proportionnels (ad valorem) : Alignement des intérêts

Les **honoraires proportionnels** consistent en un pourcentage de la valeur du litige, de la transaction, ou du montant obtenu pour le client. Ce mode est fréquent dans les contentieux à fort enjeu financier, les transactions immobilières, et les opérations de fusion-acquisition. **Avantages** : Alignement des intérêts de l'avocat et du client (l'avocat a intérêt à maximiser le gain du client), accessibilité pour les clients qui ne peuvent payer d'avance, rémunération proportionnée à l'enjeu du dossier. **Inconvénients** : Peut devenir excessif pour les très gros dossiers (un pourcentage même faible d'une transaction de plusieurs millions peut représenter des honoraires disproportionnés), risque de conflit d'intérêt si l'avocat privilégie une issue financièrement avantageuse au détriment d'autres considérations légitimes du client. Il est couramment utilisé dans les contentieux commerciaux et les transactions, avec des pourcentages variables selon la nature du dossier et la juridiction.

C. Honoraires horaires (time-based billing) : Le standard international

La **tarification horaire**, consistant à facturer le temps effectivement consacré au dossier, constitue le mode de tarification dominant dans les cabinets internationaux et une pratique courante dans les pays de tradition juridique anglo-saxonne et en Europe continentale[359]. **Avantages** : Rémunération précise du travail effectué, transparence si accompagnée de relevés détaillés (time sheets), flexibilité pour les dossiers complexes dont la charge de travail est imprévisible, équité entre les dossiers simples et complexes. **Inconvénients** : Imprévisibilité du coût final pour le client, nécessite un suivi rigoureux du temps (time tracking), risque de "gonflement" des heures si mal encadré, paradoxe de l'efficacité (plus l'avocat est rapide et compétent, moins il gagne). En France, les taux horaires varient de 100 € pour les avocats débutants à 300-500 € pour les avocats expérimentés, et peuvent atteindre 800 à 1 000 € par heure pour les avocats d'affaires senior dans les cabinets prestigieux[360]. Aux États-Unis, le taux horaire moyen en 2024 s'établit à 341 $ de l'heure, avec des variations importantes selon les États et les spécialisations[361]. L'adoption de la tarification horaire en RDC nécessiterait : l'établissement de taux horaires de référence par niveau d'expérience et par type de pratique, la formation des

---

[359] Le modèle de la tarification horaire s'est imposé comme le standard dominant dans les cabinets d'avocats d'affaires internationaux et dans les pays de common law depuis les années 1960-1970. Voir : Clio, "Law Firm Pricing: Models, Strategies & Tips for 2024", https://www.clio.com/blog/law-firm-pricing/.

[360] Les données sur les taux horaires en France proviennent de plusieurs sources concordantes : barèmes indicatifs de cabinets d'avocats français, sites spécialisés en information juridique, et enquêtes professionnelles. Sources : Legalstart, "Honoraires d'avocat : combien coûte un avocat en 2024 ?", https://www.legalstart.fr/fiches-pratiques/accompagnement/honoraires-avocat/ ; LegalPlace, "Combien coûte un avocat ?", https://www.legalplace.fr/guides/combien-coute-un-avocat/.

[361] Selon l'enquête annuelle de Clio sur les pratiques de facturation des cabinets d'avocats aux États-Unis, le taux horaire moyen s'établissait à 341 $ en 2024, avec des variations importantes : District of Columbia (462 $/h), West Virginia (195 $/h). Par domaine de pratique : droit de la faillite (439 $/h), droit des mineurs (136 $/h). Source : Clio, "Law Firm Pricing: Models, Strategies & Tips for 2024", https://www.clio.com/blog/law-firm-pricing/.

avocats aux outils de time tracking (suivi précis du temps), l'obligation de fournir aux clients des relevés d'heures détaillés, et la possibilité de fixer des plafonds ou des estimations budgétaires pour protéger les clients.

D. Honoraires de résultat (success fees / contingency fees) : Accès à la justice et partage du risque

Les **honoraires de résultat** consistent en une rémunération conditionnée au succès de l'affaire, généralement sous forme d'un pourcentage du montant obtenu. Ce mode est largement pratiqué aux États-Unis (contingency fees) et, sous certaines conditions, au Royaume-Uni (success fees). **Avantages** : Accès à la justice pour les clients sans moyens financiers, partage du risque entre l'avocat et le client, forte motivation de l'avocat pour obtenir le meilleur résultat possible. **Inconvénients** : Risques déontologiques importants (conflit d'intérêt potentiel, tentation de privilégier un accord rapide plutôt qu'une solution optimale, pression excessive sur le client), peut être excessif en cas de gain important avec peu d'efforts. En France[362] et en RDC, il est interdit de fixer des honoraires exclusivement en fonction du résultat, mais un honoraire de résultat complémentaire (typiquement un pourcentage du montant obtenu) peut s'ajouter à un honoraire de base. Aux États-Unis, les *contingency fees* sont interdits en matière pénale et dans les affaires familiales pour des raisons éthiques[363].

Ainsi, la proposition de loi pourrait autoriser les honoraires de résultat sous strictes conditions déontologiques : interdiction en matière pénale et familiale, obligation d'un honoraire de base minimum, transparence totale

---

[362] En France, l'article 10 de la loi du 31 décembre 1971 modifiée interdit à l'avocat de fixer sa rémunération exclusivement en fonction du résultat. Toutefois, un honoraire de résultat complémentaire (honoraire de résultat) peut s'ajouter à un honoraire de base (honoraire fixe ou horaire), sous condition que l'ensemble reste raisonnable. La pratique courante établit ce complément entre 10 % et 15 % du montant obtenu. Source : Service-Public.fr, "Comment un avocat est-il rémunéré ?".

[363] Aux États-Unis, les contingency fees (honoraires conditionnés au succès) sont largement pratiqués dans les affaires de dommages corporels (personal injury) et représentent typiquement 33 % à 40 % du montant obtenu. Toutefois, ils sont éthiquement interdits en matière pénale et dans les affaires de droit de la famille (divorce, garde d'enfants), car il n'y a généralement pas de gain financier ou pour éviter les conflits d'intérêt. Sources : Cornell Law School, Legal Information Institute, "Contingency Fee", https://www.law.cornell.edu/wex/contingency_fee ; LawPay, "Contingency Fees for Lawyers: What It Is & How to Streamline", https://www.lawpay.com/about/blog/contingency-fees-for-lawyers-guide-what-it-is-how-to-streamline/.

sur le mode de calcul, approbation par le bâtonnier des conventions prévoyant des honoraires de résultat supérieurs à un certain pourcentage.

E. Honoraires mixtes et tarification à la valeur : L'avenir de la profession

Les **honoraires mixtes**, combinant plusieurs modes (forfait + résultat, horaire + plafond, forfait + honoraires complémentaires en fonction du temps passé), offrent une flexibilité précieuse et permettent d'adapter la rémunération aux spécificités de chaque dossier. La **tarification à la valeur**, modèle émergent dans les cabinets innovants, consiste à facturer non pas le temps passé mais la valeur créée pour le client. Ce modèle, particulièrement pertinent à l'ère de l'intelligence artificielle, reconnaît que la valeur d'une prestation juridique ne réside pas dans le nombre d'heures qu'elle a nécessité, mais dans le résultat obtenu pour le client[364].

5.3. Impact de l'intelligence artificielle sur la tarification : Une révolution en cours

L'intelligence artificielle (IA) représente une révolution technologique qui transforme radicalement la pratique juridique et, par conséquent, les modèles de tarification. Cette dimension, absente de tout texte législatif antérieur pour des raisons évidentes, constitue un enjeu majeur pour l'avenir de la profession.

A. Automatisation de certaines tâches juridiques et réduction drastique du temps

L'IA générative et les outils de Legal Tech permettent désormais d'automatiser de nombreuses tâches juridiques autrefois chronophages :

- **Recherche juridique automatisée** : Des outils comme Lexis+ AI, LexisNexis, ou les moteurs d'IA juridique permettent d'effectuer en

---

[364] La tarification à la valeur (value-based billing) constitue un modèle émergent dans les cabinets d'avocats innovants, particulièrement adaptés aux clients sophistiqués qui valorisent les résultats plutôt que le temps passé. Ce modèle nécessite une discussion approfondie entre l'avocat et le client pour définir la valeur perçue des services. Sources : Lawyerist, "Value-Based Pricing for Lawyers", https://lawyerist.com/law-firm-pricing/alternative-pricing/ ; Future Proof Accounting, "Alternative Fee Arrangements (AFAs)", https://futureproofaccounting.com/alternative-fee-arrangements/.

quelques minutes des recherches de jurisprudence et de doctrine qui prenaient auparavant plusieurs heures[365].

- **Rédaction de documents standards** : L'IA peut générer automatiquement des contrats types, des actes de procédure standards, des demandes administratives, réduisant le temps de rédaction de plusieurs heures à quelques minutes.

- **Analyse de jurisprudence et prédiction** : Les outils d'IA peuvent analyser des milliers de décisions de justice pour identifier des tendances, évaluer les chances de succès d'un recours, et proposer des stratégies argumentatives.

- **Due diligence automatisée** : Dans les opérations de fusion-acquisition, l'IA peut analyser des milliers de documents contractuels pour identifier les risques et les clauses problématiques, tâche qui nécessitait auparavant des semaines de travail d'équipes d'avocats.

Cette automatisation entraîne une réduction drastique du temps nécessaire pour certaines tâches, créant un paradoxe majeur pour le modèle traditionnel de tarification horaire.

B. Le paradoxe de l'efficacité de l'IA : Le défi de la tarification horaire traditionnelle

L'IA crée ce que certains experts appellent le « **paradoxe de l'efficacité** »[366]: plus un avocat utilise efficacement l'IA, moins il peut facturer d'heures, donc moins il gagne selon le modèle horaire traditionnel. Cela devient un dilemme pour les cabinets d'avocats ; *si un avocat peut accomplir en 2 heures grâce à l'IA une tâche qui prenait auparavant 10 heures, doit-il facturer 2 heures (et voir ses revenus chuter de 80 %) ou 10 heures (mais alors il surfacturerait) ?*

---

[365] De nombreux outils d'IA juridique ont émergé ces dernières années, offrant des capacités de recherche juridique automatisée : Lexis+ AI, Predictice, GenIA-L, LexisNexis, Lamyline, etc. Ces outils peuvent analyser des milliers de décisions de justice en quelques secondes pour identifier la jurisprudence pertinente. Source : Meta-Doctrinal, "Quelle IA juridique choisir ?", https://meta-doctrinal.org/centre-de-ressources/quelle-ia-juridique-choisir.

[366] Le "paradoxe de l'efficacité de l'IA" (AI efficiency paradox) décrit la situation où l'utilisation de l'IA, en réduisant drastiquement le temps nécessaire pour certaines tâches, crée une pression sur le modèle traditionnel de facturation horaire. Sources : Palmer, Mark C., "The AI Revolution in Legal and the Billable Hour: Is the End Near?", 2Civility, 9 juillet 2024, https://www.2civility.org/the-ai-revolution-in-legal-and-the-billable-hour-is-the-end-near/ ; Thomson Reuters Institute, "Pricing AI-driven legal services", https://www.thomsonreuters.com/en-us/posts/legal/pricing-ai-driven-legal-services-billable-hour/.

Certaines règles déontologiques imposent que les honoraires soient raisonnables. Facturer au client le temps « comme si » le travail avait été fait manuellement, alors qu'il a été largement automatisé par l'IA, pourrait constituer une surfacturation contraire à l'éthique[367]. Ainsi, les cabinets qui restent rigidement attachés au modèle horaire pourraient être désincités à adopter l'IA, craignant une baisse de leurs revenus, les plaçant ainsi dans une position concurrentielle désavantageuse.

C. Nouvelles formes de valeur ajoutée : L'avocat comme « architecte juridique »

Face à l'automatisation des tâches routinières, la valeur ajoutée de l'avocat se déplace vers des compétences que l'IA ne peut pas (encore) remplacer :

- **Conseil stratégique** : L'IA peut fournir des informations, mais pas le jugement stratégique nécessaire pour conseiller un client sur la meilleure approche à adopter dans une situation complexe.

- **Négociation et plaidoirie** : Les compétences humaines de persuasion, d'empathie, de lecture des émotions et des dynamiques interpersonnelles restent essentielles et non automatisables.

- **Expertise pointue et créativité juridique** : L'interprétation créative du droit, la construction d'argumentations innovantes, l'anticipation des évolutions jurisprudentielles requièrent une expertise humaine irremplaçable.

- **Relation client et empathie** : La capacité à comprendre les préoccupations du client, à le rassurer, à établir une relation de confiance demeure fondamentalement humaine.

---

[367] Les opinions éthiques récentes (Florida Bar Ethics Opinion 24-1, DC Bar Ethics Opinion 388, Illinois Rule of Professional Conduct 1.5(a)) soulignent que facturer au client le temps "comme si" le travail avait été fait manuellement, alors qu'il a été largement automatisé par l'IA, pourrait constituer une surfacturation contraire à l'éthique et violer l'obligation de ne pas pratiquer d'honoraires déraisonnables. Sources : Palmer, Mark C., "Be Reasonable, People! AI's Impact on Legal Fees", Illinois State Bar Association, janvier 2025, https://www.isba.org/sections/ai/newsletter/2025/01/bereasonablepeopleaisimpactonlegalfees ; Palmer, Mark C., "AI and Legal Billing Practices: Be Reasonable, People!", Attorney at Work, 24 janvier 2025.

L'avocat devient ainsi un « architecte juridique » qui conçoit la stratégie et supervise l'exécution, plutôt qu'un « ouvrier juridique » qui exécute mécaniquement des tâches routinières.

D. Évolution vers la tarification à la valeur (value-based billing)

Face aux limites de la tarification horaire à l'ère de l'IA, un modèle alternatif émerge, la **tarification à la valeur** (value-based billing), qui consiste à facturer non pas le temps passé, mais la valeur créée pour le client[368]. En principe, le prix est fixé en fonction de la valeur perçue par le client (résolution d'un problème juridique complexe, sécurisation d'une transaction majeure, évitement d'un risque important), indépendamment du temps nécessaire pour y parvenir. Comme avantages, c'est l'alignement des intérêts de l'avocat et du client (les deux bénéficient de l'efficacité), récompense de l'expertise et de l'expérience (un avocat senior peut résoudre rapidement un problème grâce à son expérience, sans être pénalisé), encouragement à l'adoption de l'IA (l'efficacité augmente la marge), prévisibilité pour le client.

Toutefois, cela nécessite une discussion approfondie avec le client pour déterminer la valeur perçue, plus difficile à mettre en œuvre que la tarification horaire, risque de désaccords sur la valeur si elle n'est pas clairement définie à l'avance. De plus en plus, les cabinets innovants, particulièrement dans les pays anglo-saxons, adoptent ce modèle, qui représente probablement l'avenir de la tarification juridique[369].

---

[368] Des études récentes montrent une tendance croissante vers la tarification à la valeur (value-based billing) dans les cabinets innovants, notamment aux États-Unis et au Royaume-Uni. Ce modèle permet de résoudre le paradoxe de l'efficacité en déconnectant la rémunération du temps passé. Source : Thomson Reuters, "The effects of GenAI on the law firm billing model", 31 mai 2024, https://legal.thomsonreuters.com/blog/the-effects-of-genai-on-the-law-firm-billing-model/.

[369] Plusieurs cabinets d'avocats, particulièrement dans les pays anglo-saxons et parmi les cabinets de conseil juridique d'affaires, ont commencé à adopter des modèles de tarification basés sur la valeur plutôt que sur le temps. Cette évolution répond à la demande croissante des clients pour plus de prévisibilité et d'alignement des intérêts. Source : Clio, "Law Firm Pricing: Models, Strategies & Tips for 2024".

E. Transparence sur l'utilisation de l'IA : Une obligation éthique

Les guides éthiques récents, soulignent l'obligation pour les avocats d'informer leurs clients de l'utilisation de l'IA et de son impact sur les honoraires[370]. L'avocat doit informer le client, de préférence par écrit dans la convention d'honoraires, de son intention d'utiliser des outils d'IA et de l'impact que cela aura sur le coût des services. Il reste entièrement responsable du travail produit avec l'assistance de l'IA. Il doit toujours réviser et valider les documents générés par l'IA. Si l'IA est utilisée comme un outil général du cabinet (comme un logiciel de traitement de texte), son coût doit être intégré aux frais généraux. Si un service d'IA tiers est utilisé spécifiquement pour un dossier client (par exemple, analyse de milliers de contrats dans une opération de fusion), le coût peut être facturé au client comme débours.

Au demeurant, notons que *la question des honoraires ne constitue pas un simple détail technique dans la réglementation de la profession d'avocat. Elle touche au cœur même de la viabilité économique de la profession, de la qualité des services juridiques rendus aux justiciables, et de l'attractivité de la profession pour les générations futures.*

Un barème obsolète, des mécanismes de recouvrement inefficaces, l'absence de diversité dans les modes de tarification, et l'ignorance de l'impact révolutionnaire de l'intelligence artificielle sur la pratique juridique constituent des obstacles majeurs à la modernisation de la profession et à l'amélioration de la qualité de la justice.

La proposition de loi de 2025 a le mérite de consacrer un chapitre aux honoraires et d'introduire l'innovation majeure de l'aide judiciaire financée par l'État. Ces avancées méritent d'être saluées. Toutefois, face aux mutations profondes que connaît la profession, ce projet offre une opportunité historique de créer un cadre normatif véritablement adapté au XXIe siècle. En intégrant les recommandations formulées dans cette section,

---

[370] Les guides éthiques récents insistent sur l'obligation de transparence des avocats concernant l'utilisation de l'IA et son impact sur les honoraires. Le Florida Bar Ethics Opinion 24-1 et le DC Bar Ethics Opinion 388 précisent que les avocats doivent informer leurs clients, de préférence par écrit, de leur intention d'utiliser l'IA générative et de facturer les coûts réels associés, qui doivent rester raisonnables. Sources : Palmer, Mark C., "Be Reasonable, People! AI's Impact on Legal Fees" ; American Bar Association, "AI Time Tracking for Lawyers: Boosting Efficiency and Profitability", 17 mars 2025, https://www.americanbar.org/groups/law_practice/resources/law-technology-today/2025/ai-time-tracking-for-lawyers/.

révision périodique du barème, reconnaissance de la diversité des modes de tarification, renforcement des mécanismes de contentieux et de recouvrement, et anticipation de l'impact de l'IA, le législateur congolais pourrait faire de cette proposition, une référence continentale en matière de régulation moderne des honoraires d'avocats.

"L'argent c'est le nerf de la guerre." Mais il ne s'agit pas seulement d'argent. Il s'agit de dignité professionnelle, de qualité de la justice, d'accès au droit, et de modernisation institutionnelle. Il s'agit, en définitive, de bâtir une profession d'avocat viable, respectée, et capable de relever les défis du XXIe siècle.

VI. QUE CONCLURE ?

Cette étude s'est donnée pour objectif d'évaluer la proposition de loi de 2025 sur le Barreau en RDC, en la comparant à l'Ordonnance-loi fondatrice de 1979 et en l'examinant à la lumière des standards internationaux contemporains et des enjeux émergents qui définissent l'avenir de la profession juridique au XXIe siècle. Cette analyse révèle un tableau contrasté où coexistent des avancées spectaculaires et des lacunes préoccupantes, des modernisations courageuses et des silences inquiétants. Ce double visage de la réforme - porteur d'espoirs mais aussi de préoccupations sérieuses - appelle une évaluation nuancée et constructive.

Il serait injuste de ne pas reconnaître les progrès significatifs que contient la réforme proposée. Sur plusieurs axes fondamentaux, le texte témoigne d'une véritable ambition réformatrice qui mérite d'être saluée. Le système disciplinaire a été profondément modernisé, avec des procédures renforcées, des garanties procédurales améliorées et un meilleur équilibre entre répression des manquements et protection des droits de la défense. L'organisation interne des barreaux a été démocratisée, favorisant une plus grande participation des avocats aux instances ordinales et renforçant la transparence de la gouvernance professionnelle.

Plus remarquable encore, la proposition consacre des innovations sociales majeures qui placent la RDC à l'avant-garde en Afrique francophone. L'aide judiciaire financée par l'État garantit l'accès effectif à la justice pour les justiciables démunis - une exigence démocratique fondamentale trop souvent négligée. La sécurité sociale pour les avocats reconnaît enfin la nécessité de protéger les praticiens contre les risques sociaux inhérents à l'exercice d'une profession libérale, répondant à une revendication historique de la profession.

Enfin, le texte assure une meilleure conformité aux standards internationaux, notamment aux Principes de base des Nations Unies relatifs au rôle du barreau. Ces avancées, prises dans leur ensemble, méritent d'être reconnues comme des progrès historiques pour la profession en RDC et constituent une base solide sur laquelle bâtir.

Toutefois, ces avancées, aussi significatives soient-elles, ne doivent pas occulter un paradoxe central qui fragilise l'ensemble de la réforme. La proposition de loi se caractérise par une dualité profonde : *d'un côté, une modernisation réelle de la gouvernance interne des barreaux et des mécanismes disciplinaires* ; de l'autre, *une obsolescence substantielle dans l'encadrement des mutations qui redéfinissent aujourd'hui l'exercice même de la profession d'avocat.* Il s'agit d'un texte qui améliore l'architecture ordinale - les structures, les organes, les procédures internes - mais qui laisse la profession largement désarmée face aux défis externes du siècle présent. Un texte qui renforce la forme mais néglige le fond, qui perfectionne l'organisation mais ignore les transformations radicales du métier.

Les lacunes majeures sont manifestes et préoccupantes. Premièrement, le texte fait une ignorance presque totale de la transformation numérique : aucune mention de l'intelligence artificielle qui bouleverse la recherche juridique, des *Legaltechs* qui transforment la relation avocat-client, ou des cybermenaces qui mettent en péril le secret professionnel. Deuxièmement, l'absence de déontologie adaptée aux réalités contemporaines laisse les avocats sans cadre normatif face aux nouveaux dilemmes éthiques posés par les technologies et la mondialisation. Troisièmement, l'oubli de la dimension humaine de la profession ignore les risques de *burn-out* et les enjeux de bien-être professionnel, pourtant critiques dans une profession à haut niveau de stress. Quatrièmement, le silence sur la formation continue obligatoire compromet l'exigence de compétence professionnelle dans un contexte de mutations juridiques et technologiques rapides. Cinquièmement, l'inadaptation du secret professionnel aux menaces numériques expose les avocats et leurs clients à des risques accrus de violations de la confidentialité.

Ce paradoxe révèle un texte qui consacre des droits sociaux pour les avocats, avancée louable et nécessaire, mais qui ignore simultanément les transformations qui redéfinissent leur profession même. Comment expliquer de telles lacunes dans un texte censé régir la profession pour les décennies à venir ? La réponse réside en grande partie dans un déficit de légitimité procédurale qui entache le processus d'élaboration de cette réforme.

La légitimité d'une réforme ne se mesure pas seulement à la qualité juridique de son contenu, mais également à la qualité démocratique de son processus d'élaboration. Un texte techniquement correct mais élaboré sans consultation large des parties prenantes souffre d'un déficit qui compromet son acceptation sociale et son application effective. Le manque apparent de consultation structurée des barreaux dans l'élaboration de cette proposition crée un sentiment de dépossession qui peut générer des résistances, des conflits, et ultimement compromettre l'effectivité de la réforme.

Cette critique du processus n'est pas destructrice ; elle est au contraire constructive et vise à souligner l'urgence de rectifier avant qu'il ne soit trop tard. La proposition a été déposée à l'Assemblée nationale, mais le débat parlementaire offre encore une fenêtre d'opportunité pour organiser une consultation large, transparente et structurée avec tous les Conseils de l'Ordre des barreaux de la RDC, coordonnée par le Conseil National de l'Ordre. Une telle démarche, loin d'être un aveu de faiblesse, serait au contraire la preuve d'une maturité démocratique et d'une volonté sincère de produire une réforme de qualité, légitime et durable. Elle témoignerait de la reconnaissance que la réglementation de la profession d'avocat ne peut être l'œuvre du seul législateur, mais doit résulter d'un dialogue constructif entre l'État, garant de l'intérêt général, et la profession, gardienne de son autonomie et de son expertise.

La RDC se trouve aujourd'hui à un carrefour historique pour sa profession d'avocat. Après près d'un demi-siècle d'application de l'Ordonnance-loi de 1979, la nécessité d'une réforme ne fait aucun doute. La proposition de loi de 2025 représente à la fois une opportunité et un risque. *L'opportunité est celle de se doter d'un cadre législatif qui ferait référence en Afrique francophone, un cadre qui anticiperait les transformations plutôt que de les subir, qui protégerait les principes fondamentaux tout en embrassant l'innovation, qui garantirait l'autonomie professionnelle tout en assurant la redevabilité. La RDC pourrait ainsi devenir un modèle pour les autres pays de la région en matière de régulation moderne de la profession d'avocat. Le risque, si les lacunes identifiées ne sont pas comblées et si le processus n'est pas rectifié, est celui de rater cette occasion et de condamner la profession à un cadre normatif incomplet et inadapté pour les décennies à venir. Le risque de produire une réforme qui, à peine adoptée, sera déjà dépassée par les mutations qu'elle n'aura pas anticipées.*

Pour saisir cette opportunité, deux conditions impératives doivent être réunies. Premièrement, *le processus législatif doit devenir inclusif et participatif, en organisant la consultation large et transparente préconisée.* Deuxièmement, *le contenu du projet doit être substantiellement enrichi pour combler les lacunes relatives à la transformation numérique, à la déontologie contemporaine, à la dimension humaine, à la formation continue et à la protection du secret professionnel.*

Cette réforme revêt une importance qui dépasse largement les seuls intérêts corporatistes de la profession d'avocat. **La profession d'avocat est un pilier fondamental de l'État de Droit et de la démocratie.** Une profession forte, indépendante, compétente et moderne est la meilleure garantie d'une justice accessible, efficace et équitable. Elle est le rempart contre l'arbitraire et la garante des libertés fondamentales. À l'inverse, une profession affaiblie, sous-équipée ou mal régulée est un facteur de délitement de l'État de droit. La manière dont la RDC régule sa profession d'avocat en 2025 concerne donc tous les citoyens qui ont besoin d'une justice crédible, tous les investisseurs qui cherchent à savoir si leurs contrats pourront être efficacement défendus, et tous les entrepreneurs qui veulent s'assurer que leurs secrets d'affaires seront protégés par le secret professionnel.

Au demeurant, l'appel lancé par cette étude est un appel à la raison, à l'ambition et à la responsabilité collective. Il s'adresse à tous les acteurs qui, chacun à leur niveau, ont le pouvoir et le devoir de transformer cette réforme en une opportunité historique plutôt qu'en une occasion manquée.

Aux honorables députés et sénateurs, cette étude adresse un appel à prendre le temps nécessaire pour parfaire ce texte, à consulter largement, et à amender courageusement. L'examen parlementaire ne doit pas être une simple formalité d'enregistrement. Il doit être un moment de débat approfondi, de consultation des parties prenantes, et d'amélioration substantielle du contenu. Le rôle du Parlement est de produire des lois de qualité, légitimes et durables, un rôle qui exige de résister à la tentation de l'urgence et d'accepter les amendements qui s'imposent. *Au Gouvernement,* elle adresse un appel à faciliter le dialogue entre l'État et la profession, à mobiliser les ressources nécessaires pour financer effectivement les innovations sociales promises (aide judiciaire, sécurité sociale), et à reconnaître l'importance stratégique d'une profession d'avocat moderne pour le développement du pays. Le Gouvernement doit prendre l'initiative d'organiser les États généraux du Barreau congolais, en mettant à disposition les moyens logistiques et financiers nécessaires. Il doit également s'engager publiquement à financer effectivement ces innovations pour qu'elles ne restent pas des promesses creuses.

Aux Conseils de l'Ordre des différents barreaux et au Conseil National de l'Ordre, cette analyse adresse un appel à se mobiliser, à formuler des propositions d'amendements précises et argumentées, et à participer activement au débat législatif. Les Conseils doivent solliciter des auditions parlementaires, produire des notes techniques qui comblent les lacunes identifiées, et préparer dès maintenant la profession aux transformations à venir en organisant des formations sur les enjeux numériques et en élaborant des guides de bonnes pratiques déontologiques. *Aux avocats eux-mêmes,* elle adresse un appel à s'approprier ce débat, à contribuer par leurs expertises et leurs expériences, et à exiger que le texte final reflète les réalités de la profession. Cette réforme ne doit pas être perçue comme l'affaire exclusive des bâtonniers ou des auteurs qui sont eux-mêmes avocats. Elle concerne tous les avocats, jeunes et expérimentés. La profession d'avocat a toujours été une profession de débat et d'argumentation. Il est temps d'appliquer ces talents au débat sur la réforme qui réglementera l'exercice de cette profession pour les décennies à venir.

La proposition de loi de 2025, dans son état actuel, est un texte en clair-obscur. Les lumières sont réelles : un système disciplinaire modernisé, une organisation démocratisée, des innovations sociales majeures qui placent la RDC à l'avant-garde. Ces avancées méritent d'être saluées et constituent une base solide. Mais les ombres sont également réelles et préoccupantes : l'ignorance de la transformation numérique, l'absence de déontologie adaptée, l'oubli de la dimension humaine, le silence sur la formation continue. Ces lacunes, si elles ne sont pas comblées, condamneront la profession à affronter les décennies à venir avec un cadre obsolète. **Mais il n'est pas trop tard** pour transformer ces ombres en lumières, pour combler les lacunes, pour rectifier le processus, et pour produire une réforme dont les générations futures d'avocats congolais pourront être fières. Le débat parlementaire offre encore cette fenêtre d'opportunité pour consulter largement, pour intégrer les préoccupations de la profession, et pour co-construire un texte consensuel.

L'histoire jugera cette génération de législateurs et de professionnels du droit sur leur capacité à saisir cette opportunité. Elle jugera sur la qualité de la réforme adoptée, sur le caractère inclusif du processus suivi, et sur la vision qui aura guidé cette réforme. Cette étude lance donc un appel solennel à tous les acteurs - Parlement, Gouvernement, Conseils de l'Ordre, avocats - pour qu'ils se mobilisent, qu'ils débattent, qu'ils proposent, qu'ils amendent, et qu'ils produisent ensemble une réforme dont la RDC pourra être fière.

Une profession d'avocat forte, indépendante et moderne est le pilier d'un État de Droit crédible. La RDC mérite une réforme législative à la hauteur de cette ambition. L'opportunité est là. Le moment est venu. *Il reste à agir.*

VII. BIBLIOGRAPHIE SELECTIVE

1. BENSOUSSAN Alain, *Informatique et droit*, Paris, Francis Lefebvre, 2020.
2. BENYEKHLEF Karim, *Une possible histoire de la norme : les normativités émergentes de la mondialisation*, Montréal, Thémis, 2015.
3. CASTELLS Manuel, *La société en réseaux*, Paris, Fayard, 1998, t. 1.
4. CHEVALLIER Jacques, *L'État post-moderne*, Paris, LGDJ, 2017, 5e éd.
5. COHEN Laurence, *Gouvernance des professions réglementées*, Bruxelles, Bruylant, 2017.
6. DAMIEN André et al., *Règles de la profession d'avocat*, Paris, Dalloz, 2018, 14e éd.
7. DELMAS-MARTY Mireille, *Les forces imaginantes du droit*, Paris, Seuil, 2006.
8. DELPEREE Francis, *Le droit constitutionnel de la Belgique*, Bruxelles, Bruylant, 2000.
9. HATZIUS, Jan, BRIGGS, Joseph, KODNANI, Devesh et PIERDOMENICO, Giovanni, *The Potentially Large Effects of Artificial Intelligence on Economic Growth (Briggs/Kodnani)*, Goldman Sachs Economic Research, mars 2023, 11 p.
10. MBAKATA NTETIKA. Traité des honoraires et frais d'avocat en droit congolais. Éditions Kapanga, Kinshasa, 2018.
11. OST François et VAN DE KERCHOVE Michel, *De la pyramide au réseau ?* Bruxelles, Publications des Facultés universitaires Saint-Louis, 2002.
12. PRADEL Jean, *Droit pénal général*, Paris, Cujas, 2019, 21e éd.
13. SHEBELE MAKOBA. Régime disciplinaire et pratique de l'honoraire de l'avocat congolais. NGSHLaw, Kinshasa, 2011.
14. SUSSKIND Richard, *Tomorrow's Lawyers*, Oxford University Press, 2017, 2e éd.
15. SUSSKIND Richard. *The End of Lawyers ? Rethinking the Nature of Legal Services*, Oxford University Press, 2008.
16. VANDERLINDEN Jacques, *Les systèmes juridiques africains*, Paris, PUF, 1983, 128 p.

17. WASENDA N'SONGO et MUPILA NDJIKE KAWENDE, Code de Déontologie des Avocats, Éditions Pax-Congo, Kinshasa, 2002

18. ZWEIGERT Konrad et KÖTZ Hein, *Introduction to Comparative Law*, Oxford, Clarendon Press, 1998, 3e éd.

19. ADJAYI, KODJO NDUKUMA. « La profession d'avocat à l'ère et à l'épreuve de l'intelligence artificielle. » Droit-Numérique.cd, Dossier n° 6, avril 2025.

20. AMBLARD, Etienne & ZARFAOUI-DUVAL, Lila. « Marchés publics de services juridiques : quels changements ? » Le Monde du Droit, 26 novembre 2014.

21. BRAUN, Simon. « Les services juridiques sont-ils soumis aux marchés publics ? » LexGo, 14 juin 2019. https://www.lexgo.be/fr/actualites-et-articles/6076-les-services-juridiques-sont-ils-soumis-aux-marches-publics

22. BEIGNIER Bernard, « La publicité des avocats à l'ère numérique », *Gazette du Palais*, 2019, n° 12.

23. BENSOUSSAN Alain, « La responsabilité de l'avocat utilisateur d'intelligence artificielle », *Dalloz IP/IT*, 2022.

24. KAYUDI Coco, La profession d'Avocat en République Démocratique du Congo à l'épreuve du numérique, in *Revue Pratique de la Prospective et de l'innovation* - N° 1 - Avril 2018 - © Lexisnexis Sa

25. LE CHATELIER G., « Marchés de conseils juridiques, Questions de principe et modalités pratiques », *CP - ACCP*, janvier 2007, n° 62.

26. MORETEAU Olivier, « L'obsolescence législative programmée », *Revue trimestrielle de droit civil*, 2015, p. 567-589.

27. SACCO Rodolfo, « La comparaison juridique au service de la connaissance du droit », *Revue internationale de droit comparé*, 1991, p. 7-37.

28. SAINT-PAU Jean-Christophe, « Le secret professionnel de l'avocat », *Recueil Dalloz*, 2018.

29. YAV KATSHUNG Joseph, « Sous-traitance minière et soumission aux appels d'offre des services juridiques par les avocats : Entre régulation, compétitivité et pourquoi pas opportunité ? », Intervention lors de la Journée Scientifique du Barreau de la RDC, 2025.

30. YAV KATSHUNG Joseph. « Profession d'Avocats et appels d'offre en RDC : Je t'aime moi non plus ? » Revue Juridique Africaine,

avril 2023.

31.   YAV KATSHUNG Joseph. « Profession d'Avocat en RDC : Repenser la pratique à l'ère des appels d'offres des services juridiques. » Legavox, 7 mars 2025.

32.   YAV KATSHUNG Joseph. Est-il possible de constituer une société civile professionnelle d'avocats en RD.Congo ? Ma réaction à l'Opinion du Prof. Dr. Me Daniel DJEDI, Legavox, 31/12/2022

33.   American Bar Association, *2023 Cybersecurity TechReport*, Chicago, ABA, 2023.

34.   Conseil des barreaux européens (CCBE), *Recommandations sur les systèmes disciplinaires*, 2016.

35.   Organisation des Nations Unies, *Principes de base relatifs au rôle du barreau*, adoptés par le huitième Congrès des Nations Unies pour la prévention du crime et le traitement des délinquants, La Havane, 1990.

36.   Sénat français, Rapport d'information n° 216 (2024-2025) intitulé « L'intelligence artificielle générative et les métiers du droit : agir plutôt que subir », par MM. Christophe-André FRASSA et Mme Marie-Pierre de LA GONTRIE, décembre 2024.

37.   Union Internationale des Avocats (UIA), *Charte des principes essentiels de l'avocat*, 2019.

www.ingramcontent.com/pod-product-compliance
Lightning Source LLC
Chambersburg PA
CBHW061831220326
41599CB00027B/5257